# PROTAGONISTAS
## DE LA HISTORIA

LIBSA

© 2020, Editorial LIBSA
c/ San Rafael, 4 bis, local 18
28108 Alcobendas (Madrid)
Tel.: (34) 91 657 25 80
Fax: (34) 91 657 25 83
e-mail: libsa@libsa.es
www.libsa.es

Colaboración en textos: Carla Nieto Martínez
Colaboración en ilustración: Collaborate Agency • Hannah Wood
Diseño y maquetación: Lola Maeso Fernández
Fotografía: Shutterstock, Getty Images

ISBN: 978-84-662-3909-7

# CONTENIDO

## Protagonistas de la Historia: famosos sin fecha de caducidad

Hay millones y millones de personajes famosos en el mundo. Algunos disfrutan de su popularidad durante un periodo de tiempo muy breve, mientras que otros son recordados a lo largo de los años, de los siglos e incluso de los milenios. Son los que con todo merecimiento reciben el título de «Protagonistas de la Historia» y de ellos te hablamos en este libro.

Las razones por las que nuestros protagonistas alcanzaron el Olimpo de la fama son muy distintas: por sus inventos, por sus obras artísticas, por su forma de gobernar, por sus ideas, por los libros que escribieron, por sus conquistas militares e, incluso, por el misterio que rodeó su

existencia, pero todos ellos tienen en común haber hecho algo distinto al resto de los mortales.

## Militares y conquistadores: guerreros, brillantes y (algunos) temibles

Uno de los personajes más legendarios y que ha dejado una huella más profunda en la Historia Universal fue **Alejandro Magno.** Hijo del rey Filipo de Macedonia y adiestrado en las técnicas militares desde muy joven, con tan solo 16 años se puso al frente del ejército de su país primero y del trono después, con una idea en la mente: crear un Imperio Universal mediante la unión de todos los territorios conocidos hasta entonces. Se puso a ello y conquista a conquista, sin perder ni una batalla, logró lo que nadie había hecho hasta entonces: unir Oriente y Occidente.

Dos siglos después, el militar romano **Julio César** tomó el testigo de ese anhelo expansivo de Alejandro, haciendo aún más grande la extensión del por entonces todopoderoso dominio de Roma mediante la conquista de territorios tan importantes como las Galias (la actual Francia). César fue además un importante gobernante, que transformó

Alejandro Magno

Julio César

de temible, que después se demostró que él mismo se encargaba de fomentar, para así meterles el miedo en el cuerpo a sus enemigos, se convirtió en el líder de los pueblos bárbaros, es decir, todos aquellos que estaban fuera de la «órbita romana».

Otro ejemplo de rey-guerrero-conquistador es el del monarca inglés **Ricardo Plantagenet,** más conocido como «Ricardo Corazón de León», nombre que le dieron sus compatriotas en alusión a su valentía y a su espíritu indomable, principales características de este felino. Es verdad que gobernar, lo que se dice gobernar, gobernó poco, pero sus ausencias en el trono se vieron compensadas con creces por sus importantes victorias en el extranjero y, sobre todo, por el papel clave que desempeñó en la Tercera Cruzada. Pero entre batalla y batalla, Ricardo también tuvo tiempo para la literatura,

totalmente el funcionamiento de las instituciones romanas.

Igual de buen estratega y militar, aunque un poquito más «bruto», fue **Atila,** el rey de los hunos, que logró algo a lo que pocos (casi nadie) se habían atrevido hasta entonces: plantarle cara al Imperio Romano (de hecho, se le consideraba como «la pesadilla de Roma»). Gracias a ello y a su fama

**Atila y su imperio**

Templo de Abu Simbel

escribiendo varios poemas que revelaron que también tenía su puntito de ternura.

## Reformadores, colonizadores y «reyes de la fiesta»: monarcas para todos los gustos

Teniendo en cuenta la inmensa lista de reyes que se han sentado en los tronos de la enorme cantidad de países que hay en el mundo, tiene mucho mérito formar parte del «*ranking* de monarcas más populares de la Historia».

Una de las más «veteranas» en esta selección es **Hatshepsut**, que no solo fue la faraona egipcia más

Ramsés II

popular en su época sino también la más conocida de la Historia (solo por detrás de la más top: Cleopatra). De su historia llama la atención lo moderno que fue su padre, el faraón Tutmosis I, quien educó a su heredera igual que si fuera un chico, haciéndole asistir desde pequeña a las reuniones de la corte y preparándola para el cargo que iba a ocupar. Gracias a esto y a su talante inconformista y luchador, pudo plantar cara a las muchas intrigas y conspiraciones que intentaron boicotear su reinado, proporcionando además a Egipto una de sus etapas de más esplendor.

Otro egipcio, el faraón **Ramsés II**, también marcó un hito en la historia de su país y de la Antigüedad, debido, por un lado, a sus exitosas campañas militares, que permitieron la expansión de las fronteras del país del Nilo y, por otro, a su implicación en la construcción de edificios que dieran esplendor y reflejaran el poderío de este pueblo. Para muestra, el impresionante conjunto de templos de Abu Simbel.

Hatshepsut

**Isabel de Castilla** y **Fernando de Aragón** (conocidos como los **Reyes Católicos**), aparte de ser marido y mujer, formaron uno de los tándems de gobierno más exitosos que se recuerda. Además de conseguir la unificación del territorio español –algo nada fácil, teniendo en cuenta que por aquel entonces el país estaba dividido en varios reinos enfrentados entre sí–, participaron activamente en uno de los hechos más trascendentales de la Historia, el descubrimiento de América, dándole apoyo y financiación a Cristóbal Colón.

Y pocos años después, al otro lado del Océano y en esos territorios en cuyo descubrimiento tan implicados estuvieron los Reyes Católicos, el Tlatoani (rey) **Moctezuma Xocoyotzin** gobernaba con éxito el poderoso Imperio Azteca. Durante su reinado, expandió sus fronteras a lo largo de prácticamente toda Mesoamérica e impulsó su desarrollo y esplendor, incrementando de forma notable el volumen de sus arcas (y, de paso, dando lugar a la famosa leyenda del «Tesoro de Moctezuma», que tantos disgustos ocasionó a los hombres de Hernán Cortés…).

## Ciencia, rayos, astronomía e inventos visionarios

**Hipatia de Alejandría** es considerada una de las primeras mujeres científicas de la Historia. Hija de Teón de Alejandría, reconocido matemático, astrónomo y filósofo que, además, era el máximo encargado de la biblioteca de la ciudad

Los Reyes Católicos y Colón

(una de las más importantes del mundo en aquel momento), los libros y los números fueron el escenario en el que se sintió más cómoda desde pequeña. No es de extrañar por tanto que se convirtiera en la figura más destacada de la escuela filosófica de Alejandría, enseñando a las nuevas generaciones cómo aplicar las ideas del filósofo griego Platón y desarrollando teorías como la de que el Sol era el centro del Universo (fue la primera que se atrevió a formularla).

Hipatia

7

Leonardo da Vinci

Observar, analizar y, sobre todo, innovar. Esas fueron las claves por las que se regía uno de los grandes entre los grandes: **Leonardo da Vinci.** Es imposible definir su profesión con una sola palabra, ya que probó todas las disciplinas y se interesó por prácticamente todos los campos del saber: fue pintor (es el autor de *La Gioconda*, una de las obras cumbre en el mundo del Arte), escultor, biólogo, ingeniero, arquitecto, filósofo, botánico… además de un inventor visionario, ya que de sus bocetos (ininteligibles para la mayoría de los que han podido leerlos) salieron los prototipos de inventos que hoy nos resultan tan cotidianos como la bicicleta, las tijeras o los equipos de buceo.

La versión norteamericana de Da Vinci (salvando las distancias) podría ser perfectamente **Benjamin Franklin.** Obligado a dejar la escuela a los 10 años, demostró lo lejos que se puede llegar con interés, ganas de aprender, disciplina y confianza en las propias cualidades. Su

formación autodidacta y sus dotes de observador le llevaron a diseñar inventos que hoy resultan tan absolutamente imprescindibles como el pararrayos, mientras que sus inquietudes sociales lo convirtieron en un personaje clave en la creación de un nuevo país: los Estados Unidos de América.

La palabra genio se queda corta cuando se trata de definir a **Albert Einstein.** Y no solo por sus aportaciones al mundo de la Física (por las que recibió un Premio Nobel) y por la influencia que tuvo en la obra de los científicos posteriores, sino porque, tal y como demostró el análisis de su cerebro que se realizó años después de su muerte, las neuronas del alemán demostraban que, efectivamente, su mente era brillante, privilegiada y, simplemente, genial.

Para muchos, el astrofísico, cosmólogo y científico inglés **Stephen Hawking** es el digno continuador de la obra de Einstein (ambos tenían el mismo coeficiente intelectual). De hecho, Hawking completó en cierta medida el camino

Albert Einstein

iniciado por el físico germano en el estudio de las leyes que rigen el Universo. Acercó a los no iniciados al mundo de la Física a través de los libros de divulgación que escribió, y su vida fue un ejemplo de superación frente a la enfermedad.

## Una vuelta al mundo, varias profecías, una santa imparable… y una «falsa zarina»

En estas páginas también encontrarás las apasionantes biografías de dos de los escritores más famosos. Uno de ellos es **Julio Verne,** al que se le considera el creador del género literario de la ciencia ficción y en cuyos libros, además de historias apasionantes, se anticipan a hechos tan importantes como la llegada del hombre a la Luna… que Verne escribió casi un siglo antes de que se produjera.

El otro es **Antoine de Saint-Exupèry,** aviador, periodista y escritor francés que, a pesar de su corta vida (falleció a los 44 años, durante un vuelo de reconocimiento), dejó para la posteridad un libro considerado como una de las joyas de la literatura universal: *El Principito.*

También te hablamos de una vida ejemplar, la de **Teresa de Calcuta,** una de las personas que más ha hecho en el último siglo por mejorar las condiciones de los más desfavorecidos y cuya lucha y entrega la han llevado a los altares.

Y para añadir un toque de misterio a todos estos relatos, nos adentramos también en la inquietante personalidad de **Michel de Nostradamus,** un importante médico francés al que, sin embargo, la fama le llegó por sus predicciones y vaticinios sobre hechos que iban a ocurrir en el futuro… y que se cumplieron en no pocos casos.

Y para suspense y misterio, el que rodeó la «vuelta a la vida» de una de las hijas del zar Nicolás II (toda su familia fue fusilada durante la Revolución Rusa), **Anastasia Romanov,** quien pasó toda su existencia intentando demostrar que, aunque malherida, había sobrevivido a la tragedia y que era la zarina auténtica.

¿Quieres saber cómo termina la historia de Anastasia y conocer más cosas interesantes del resto de los personajes? ¡Pues no tienes más que empezar a leer!

El Principito

# Hatshepsut

## 1507-1456 a.C.

Aunque no fue la única (otras dos mujeres ocuparon este cargo antes que ella), Hatshepsut fue la faraona egipcia más conocida de la Historia. Luchadora e inconformista, supo rodearse de excelentes consejeros y gobernó con inteligencia, haciendo que Egipto viviera uno de sus momentos de mayor esplendor.

«La primera de las nobles damas»: eso es lo que significa mi nombre, Hatshepsut. Soy hija del faraón Tutmosis I y viví en el Egipto de la Dinastía XVIII. Mis tres hermanos y yo vivíamos felices en nuestro palacio a orillas del Nilo, pero desgraciadamente ellos enfermaron y fallecieron siendo aún muy pequeños, así que mi padre me nombró su heredera e hizo que desde niña asistiera a las reuniones y actos de la corte. Menos mal que lo hizo, porque todo lo que aprendí en esa época me sirvió muchísimo cuando tuve que enfrentarme a las intrigas del gobierno.

Mi vida y mi carrera estuvieron marcadas por dos personajes: uno malvado, llamado Ineni, y otro bueno y leal, Senenmut, mi canciller y mano derecha. El primero fue el culpable de que yo no subiera al trono cuando mi padre murió, como estaba previsto, sino que se las arregló para que fuera nombrado faraón mi hermanastro Tutmosis II, con el que me casé, así que me tuve que conformar con ser reina consorte.

A pesar de todo, me esforcé en enterarme de todo lo que ocurría en la corte y me fui rodeando de asesores con mucha experiencia.

11

# Una faraona con barba

río Nilo

Egipto

ÁFRICA

Aunque era la heredera legítima, a Hatshepsut no le resultó nada fácil llegar a sentarse en el trono, pero cuando lo hizo, consiguió que la sociedad egipcia viera como algo totalmente normal que su faraón fuera una mujer. Eso sí: hizo que se la representara en las pinturas, estatuas y demás monumentos con los atributos de los monarcas masculinos: el tocado, la falda shenti… y una barba postiza.

Por eso, cuando mi marido murió repentinamente e Ineni intentó poner en el trono a mi sobrino, utilicé todo lo que había aprendido y puse en práctica los consejos de mis asesores para convertirme en faraona sin que hubiera ningún tipo de revuelta entre mis súbditos, ya que siempre fui muy pacífica y nunca me gustaron los conflictos.

Los 22 años que estuve en el trono fueron un periodo de progreso, prosperidad y, sobre todo, de embellecimiento de mi país y de mi ciudad, Tebas: muchos de los edificios más bonitos del Antiguo Egipto los mandé construir yo.

## Una tumba «que habla»

Templo de Hatshepsut (Deir-el-Bahari)

A Hatshepsut la sucedió en el trono su sobrino Tutmosis III, quien se encargó de eliminar hasta el más mínimo rastro del reinado de su tía: destruyó sus retratos, decapitó sus estatuas… Con lo que el joven no contaba es con que las paredes del interior de la tumba de la faraona, descubierta en 1903, estaban llenas de pinturas y textos que contaban todo los logros conseguidos durante su reinado y gracias a los cuales la Historia conoce mucho mejor a esta reina.

La verdad es que me encantaba gobernar, porque el poder me permitía mejorar las cosas que estaban mal, y sé que mi pueblo me quería y me respetaba. Pero de repente todo cambió: mi fiel Senenmut, mi hija y otros de mis asesores fallecieron en extrañas circunstancias, así que decidí dejar el trono y pasar el resto de mis días en paradero desconocido...

## Logros de Hatshepsut

* Transformó la sociedad tradicional egipcia y estableció una forma de gobernar totalmente distinta, alejando de la corte a los intrigantes y conspiradores.

* Aunque tuvo que enfrentarse a varios conflictos militares, supo mantener la paz y la estabilidad para su pueblo.

* Con ella se vivió una de las etapas de mayor esplendor del Antiguo Egipto, tal y como reflejan los monumentos que se construyeron durante su reinado.

# FRASES DE HATSHEPSUT

«Ahora se me vuelca el corazón cuando pienso lo que la gente dirá. Aquellos que vean mis monumentos en los años por venir, y que hablarán de lo que he hecho».

«¡Escuchad todas las personas! Vosotros, pueblo, ¡todos los que sois! He hecho las cosas de acuerdo con lo que me decía mi corazón».

«He restaurado lo que estaba en ruinas, he levantado lo que estaba inacabado desde las invasiones de los pueblos enemigos».

# Ramsés II
## (¿?-1237 a.C.)

«Defensor de Egipto», «toro potente armado de la justicia», «rico en años y en victorias», «elegido de Ra», «rey constructor» y, sobre todo, «Ramsés el Grande». De todas estas formas era conocido uno de los mayores soberanos del Antiguo Egipto, quien durante su largo reinado llevó a este país a la cima de su esplendor tanto militar como cultural.

Ramsés II el Grande: este es el nombre con el que pasé a la Historia –aunque mis padres me llamaron Usermaatre al nacer– y, modestia aparte, entiendo perfectamente que se me diera esta denominación teniendo en cuenta la cantidad de cosas importantes que hice por Egipto y también por lo larguíííisimo que fue mi reinado: ¡nada más y nada menos que 66 años!

Mi padre, el faraón Seti I, se encargó de prepararme para el cargo desde que yo era muy pequeño: cuando tenía 10 años me nombró comandante en jefe del ejército y a los 16 empecé a participar activamente en el gobierno y a ayudarle a tomar decisiones políticas importantes. Por eso, cuando a la muerte de mi padre subí al trono, ya llevaba la lección muy bien aprendida y tenía muy claro dónde iba a centrar mis esfuerzos: en hacer que Egipto fuera un país más grande y más bonito.

Imperio hitita

MAR MEDITERRÁNEO

Siria

Qadesh

Egipto

Siria era un territorio muy «goloso» que tanto los egipcios como sus vecinos los hititas querían conquistar. Estuvieron en guerra durante 16 años hasta que finalmente ganó Egipto, pero la tensión entre ambos pueblos no beneficiaba a ninguno. Entonces el faraón y el rey hitita Hattusil decidieron repartirse el territorio de Siria y firmar el Tratado de Qadesh, considerado el acuerdo de paz más antiguo de la Historia.

▲ Reconstrucción del aspecto de Ramsés II a partir de su momia.

## ¡Qué curioso!

Por las crónicas sabemos que Ramsés era bastante atractivo (era alto y pelirrojo) y eso podría explicar la cantidad de esposas que tuvo (seis «principales» y otras muchas «secundarias») y su gran número de hijos (dejó 13 herederos al morir), pero la teoría oficial es que estaba «obligado» a casarse tantas veces para asegurar la continuidad de la dinastía.

Como era muy buen militar, planifiqué al detalle la expansión de sus fronteras y me puse al frente de las campañas que lo hicieron posible, de forma que durante mi reinado, el país se extendía desde Siria hasta Nubia (el actual Sudán). Aunque estas campañas fueron un éxito, tengo que reconocer que uno de los pueblos vecinos, los hititas, me lo pusieron bastante difícil y hubo momentos de mucha tensión pero al final, y como hablando se entiende la gente –incluso las más cabezotas, como éramos los egipcios y los hititas en aquellos momentos–, llegamos a un acuerdo y firmamos el Tratado de paz de Qadesh.

Ordené construir una gran cantidad de templos y edificios importantes. El ejemplo más conocido de estas obras es el conjunto de Abu Simbel: dos impresionantes templos excavados en la roca erigidos en mi honor y en el de una de mis esposas, Nefertari, y que hoy siguen siendo uno de los monumentos más visitados de Egipto.

A pesar de mis enfermedades, me mantuve firme en el trono hasta el último de mis días (marché al reino de Osiris, que es adonde los faraones creíamos que íbamos al morir, a los 90 años) y a partir de ese momento comenzó la decadencia del poder del Antiguo Egipto...

# FRASES DE RAMSÉS II

«Soy el gran rey Ramsés II, rey del país más grande sobre la faz de la Tierra. Humillaré a mis enemigos, y a los enemigos de Egipto» (inscripción en Abu Simbel).

«Encontré a Amón cuando le llamé y lo hallé, como si estuviéramos frente a frente» (inscripción en Abu Simbel)

«Aunque tuve muchas esposas, mi favorita fue Nefertari, con quien me casé a los 17 años y cuya muerte lloré durante mucho tiempo».

# Logros de Ramsés II

* Además de Abu Simbel, en Nubia, que es la obra más representativa de su reinado, embelleció los templos de Luxor y Karnak en Tebas y mandó construir otros templos y edificios importantes, como el Rameseo, donde fue enterrado.

* Sus campañas militares expandieron las fronteras de Egipto y demostró unas grandes dotes diplomáticas al negociar con el rey de los hititas.

* Reformó profundamente la estructura y la logística del ejército, haciendo que siempre estuviera al mando alguien perteneciente a la familia real y creando cuerpos de mercenarios formados por extranjeros.

▲ Templo de Abu Simbel.

# Alejandro Magno

(356-323 a.C.)

Lidia

Frigia

Capadocia

Armenia

MAR MEDITERRÁNEO

Siria

Mesopotamia

Egipto

ARABIA

Babilonia

Fue el artífice del primer y, hasta ahora, único Imperio Universal que ha existido en la Historia, ya que a través de sus batallas y sus conquistas unió todos los territorios de Oriente y Occidente conocidos. En su corta vida (murió a los 33 años) dio un giro de 180° a la idea que se tenía hasta entonces de los pueblos del mundo y creó un estilo de ejército y de gobierno imitado durante muchos siglos.

El Magno o, lo que es lo mismo, el Grande: este es el apodo que mis contemporáneos añadieron a mi nombre de pila, Alejandro, y con el que he pasado a la Historia. Soy hijo de Filipo II, rey de Macedonia, un territorio griego situado al norte del Mar Egeo.

Los macedonios éramos considerados ciudadanos «de segunda» dentro de las numerosas colonias griegas, pero con mi padre las cosas cambiaron muchísimo, ya que centró sus esfuerzos en crear un gran ejército, gracias al cual los países del alrededor empezaron a tomarnos en serio.

Mi padre sabía lo importante que era tener una buena educación, así que buscó para mí al mejor de los maestros: ¡el mismísimo Aristóteles! ¡Cuánto aprendí de él durante los más de cuatro años en los que fue mi tutor!

Y mientras recibía sus lecciones de Historia, Filosofía y demás saberes que –lo comprobaría poco después– tanto me sirvieron, me entrenaba también en las estrategias militares que había ideado mi padre.

MAR CASPIO

Sogdiana

Gandhara

Bactria

edia

Partia

Aracosia

Drangiana

Carmania

Persia

GOLFO PÉRSICO

TODAS LAS COLONIAS QUE CONQUISTABA SE LLAMABAN IGUAL: ALEJANDRÍA. TODAS MENOS UNA, A LA QUE DIO EL NOMBRE DE BUCEFALIA, EN HOMENAJE A BUCÉFALO, SU CABALLO PREFERIDO.

# FRASES DE ALEJANDRO

«No hay nada imposible para aquel que lo intenta».

«Al final, cuando todo se acaba, lo único que importa es lo que has hecho».

«Si espero, perderé la audacia de la juventud».

## Μέγας Αλέξανδρος

## Logros de Alejandro

* Creó el único Imperio Universal que ha existido jamás, uniendo Oriente y Occidente.

* Extendió las fronteras más allá del Mediterráneo, llegando a la India, límite del mundo conocido hasta entonces.

* Formó un tipo de ejército basado en estrategias tan efectivas que desde entonces ha sido considerado como ejemplo por cientos de militares.

Participé en mi primera batalla a los 16 años, una experiencia que me vino genial cuando poco después, tras el asesinato de mi padre, me tuve que poner al frente del ejército macedonio, convirtiéndome también en el nuevo rey de mi país. La verdad es que tenía problemas por todos lados: la mayoría de los pueblos vecinos estaban en guerra con nosotros, pero mientras preparaba planes y estrategias para enfrentarme a ellos, no perdía de vista mi gran sueño: crear un Imperio Universal, conquistando y uniendo todos los territorios conocidos en un solo pueblo.

Es verdad que mi ejército era implacable –¡no perdimos ni una sola batalla!–, pero en el éxito de estas conquistas también tuvieron mucho que ver mis dotes diplomáticas, ya que intenté siempre «ganarme» a mis nuevos súbditos respetando sus cultos, sus costumbres y sus tradiciones. Con esta estrategia, mi imperio se fue extendiendo por Egipto, Mesopotamia, Persia y, finalmente, la India, una tierra que me dejó, literalmente, fascinado, por lo distinta que era al resto de los lugares en los que había estado hasta entonces y las maravillas de la Naturaleza que allí descubrí.

Eufórico y entusiasmado, le conté a mi ejército cuál era la siguiente misión: atravesar y conquistar ese enorme país, pero mis chicos, por primera vez, se negaron; ya no podían más y estaban agotados tras recorrer 18.000 km en ocho años y de darlo todo en el campo de batalla.

Así que no me quedó más remedio que emprender la vuelta a Macedonia, adonde nunca llegué, ya que fallecí repentina (y misteriosamente) durante el trayecto.

## Adivinos y divinidad

Para la mayoría Alejandro era un héroe, pero también eran muchos los que pensaban que se trataba de un dios «convertido» en valiente guerrero, y defendían como prueba de su divinidad aspectos de su persona como su maravilloso olor o que, al morir, su cuerpo se mantuvo incorrupto.

Por su parte, El Magno no daba ni un solo paso sin consultar los oráculos de los videntes, y los seguía al pie de la letra. Es más, tenía un adivino «de cabecera», Aristandro, que siempre viajaba con él.

# Julio César

## (100-44 a.C.)

«Mientras me quede algo por hacer, no habré hecho nada». Esta es una de las muchas frases de Julio César que reflejan el carácter de este gobernante, militar, dictador y emperador romano (además de abogado, escritor y brillante orador), cuyas conquistas y mandato marcaron un antes y un después no solo en la historia de la Roma sino también en la del mundo occidental.

Mi nombre es Julio y nací en Roma, una ciudad que en el siglo I a.C. era la más importante del mundo. Mi padre fue un importante político romano y mi madre pertenecía a una de las familias más «top», la de los Julios, lo que significaba que yo era descendiente directo (o, al menos, eso era lo que se decía) de dos dioses tan importantes como Eneas y Afrodita.

Lo de las armas y la política me atrajo desde que era pequeño, pero mis padres y especialmente mi tío, Cayo Mario, se preocuparon de que recibiera una esmerada educación, por si lo del campo de batalla no se me daba bien, cosa que no ocurrió ya que, modestia aparte, he pasado a la Historia como uno de los militares más brillantes y admirados...

Sin embargo, y aún en mis momentos de más popularidad, siempre me gustó seguir formándome y aprendiendo asignaturas como la oratoria, una habilidad para que la que no estaba especialmente dotado y que acabé dominando a la perfección gracias al «máster» que hice con uno de los mejores expertos de la época, Apolonio de Molón.

# FRASES DE JULIO CÉSAR

«Amo la traición, pero odio al traidor».

«Dile a tu amo que en César solo manda César y nadie más».

## «Alea iacta est»

Se cuenta que Julio César habría pronunciado esta frase momentos después de cruzar el río Rubicón con sus legiones. A ningún general le estaba permitido cruzarlo con su ejército en armas: marcaba el límite del poder del gobernador de las Galias y cruzarlo significaba cometer una ilegalidad, convertirse en criminal, enemigo de la República e iniciar la guerra civil.

César cruzó personalmente el pequeño río para dar valor a sus hombres. Una vez en el otro lado, gritaría, si es que de verdad lo hizo, la famosa frase «alea iacta est», que significa «la suerte está echada».

ALEA IACTA EST!

Me casé muy joven con Cornelia, hija de uno de los personajes más influyentes de la ciudad, y fue así cómo entré de cabeza en el mundo de la política romana, que en ese momento era un auténtico lío de traiciones, engaños y luchas de poder, en las que no dudé en participar. Pero aunque el «politiqueo» romano me entretenía, lo que de verdad me gustaba era ponerme al frente del ejército y conquistar nuevos territorios.

Mis misiones más famosas y exitosas fueron la de las Galias (Francia, Bélgica y Luxemburgo), la de Britania (fui el primero en atravesar el Canal de la Mancha y poner el pie en el territorio de la actual Inglaterra) y la de Egipto (donde, entre batalla y batalla, me dio tiempo a tener un romance con la mismísima Cleopatra).

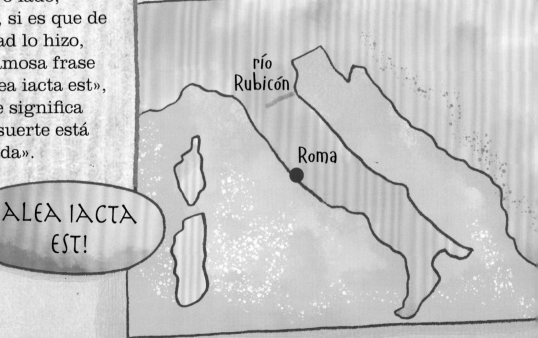

río Rubicón

Roma

Tras propiciar una guerra civil y enfrentar numerosas disputas con otros políticos, fui nombrado dictador vitalicio y emperador. Usé todo el poder que me dieron estos cargos para hacer importantes reformas en la política y la sociedad romanas. Pero aunque el pueblo estaba contento con mi gobierno, mis enemigos no pararon hasta llevar a cabo un plan para matarme.

Lo que peor me sentó es que muchos de los que me asesinaron eran colaboradores míos, entre ellos Bruto, mi hijastro, quien no dudó en traicionarme para hacerse con el poder. A él dirigí mis famosísimas últimas palabras: «¿Tú también, Bruto?».

# © Julio César

Pocos personajes han dejado tantas «huellas» en la historia de la Humanidad: se dice que fue el primer «famoso» nacido por cesárea (de ahí el nombre de esa operación); la idea de grabar la cara de los gobernantes en las monedas fue suya, así como la de hacer que estos lucieran una corona de laurel (por lo visto, fue un truco que se le ocurrió para disimular su calva); muchas de sus frases más célebres como «vini, vidi, vici» («llegué, vi y vencí») se siguen utilizando en la actualidad y a partir de él, todos los emperadores romanos añadieron a su nombre de pila el de César.

## Logros de Julio César

* Gracias a sus estrategias y campañas militares, el ya extenso territorio romano se amplió todavía más, incorporando zonas tan importantes como las Galias.

* Se convirtió en el gobernador de toda la República de Roma, algo nada fácil, teniendo en cuenta la cantidad de pueblos, países y culturas que la formaban.

* Utilizó el enorme poder que ostentaba para transformar radicalmente el funcionamiento del gobierno y la estructura social romanas: aprobó nuevas leyes, cambió el calendario (decidió que el séptimo mes del año se llamase «julio», como él), mejoró las condiciones del ejército...

# Atila
## (385-453)

Aunque se le conoce como uno de los personajes más violentos y sanguinarios de la Historia, lo cierto es que sobre la crueldad de Atila hay muchas mentiras (difundidas por los romanos, que no le perdonaron que atacara su Imperio), bastantes leyendas y, también, algo de «postureo», fomentado por el propio rey de los hunos, a quien no le interesaba desmentir todas las cosas malas que se decían sobre él para así provocar miedo a sus enemigos.

Seguramente al oír mi nombre te entre un poquito de miedo, y es que la Historia se ha empeñado en pintarme como un personaje salvaje y cruel. Pero no es cierto.

Me llamo Atila y pertenecía a la tribu de los hunos, un pueblo procedente de Asia que se instaló en el centro de Europa, a orillas del río Danubio. Mi tío, el rey Rugila, me mandó a estudiar a Roma, así que es una mentira muy grande eso que se cuenta de que yo era un bruto ignorante. En Roma, además de aprender un montón de cosas, conocí al que sería mi mejor amigo durante toda la vida, Aecio.

Al poco de volver a Panonia, la ciudad donde nací, mi padre, que había sustituido a su hermano en el trono, falleció, y mi hermano Bleda y yo fuimos nombrados herederos. Según la versión «oficial», yo lo asesiné para así quedarme como rey único pero, posiblemente, es otras de las muchas falsedades que se han dicho sobre mí…

Comencé mi reinado poniendo en marcha un plan que me rondaba la cabeza desde hacía tiempo: acabar con el Imperio Romano de Oriente, así que me planté al frente de mi ejército en su capital, Constantinopla, y no paré hasta conseguir que el emperador Teodosio II me cediese buena parte de su territorio y, además, pagase a mi reino un tributo anual.

IMPERIO DE ATILA

¿Cómo lo conseguí? Pues gracias a mis estupendos soldados que, como yo, tenían fama de ser temibles y muy sanguinarios, algo que no era verdad. Sí, tal vez fueran un poco bruscos en su forma de actuar, pero su principal arma –y la que mejor les funcionó– fue la de asustar y meter el miedo en el cuerpo del enemigo, haciendo ver que eran más salvajes de lo que en realidad eran.

Una vez conquistado Oriente, me vine arriba y me propuse hacer lo mismo con la otra parte del Imperio, la de Occidente. Pero Roma, su capital, no era tan fácil como Constantinopla, y fracasé en mi primer intento. Fue la única batalla que perdí en mi vida y en la que, por cierto, me tuve que enfrentar a mi querido Aecio, algo que no afectó para nada a nuestra amistad.

Como quien la sigue la consigue, logré finalmente llegar a Roma, pero cuando me encontraba a las puertas de la ciudad, con mi ejército preparado para actuar, decidí retirarme después de mantener una conversación con el Papa León I. Nadie sabe de qué hablamos, pero lo cierto es que abandoné mi plan cuando estaba a punto de conseguirlo.

# FRASES DE ATILA

«Cuanto más larga es la hierba, mejor se corta» (refiriéndose al poder de sus enemigos).

«Nunca uses el arbitraje. Eso le permite a un tercero determinar tu destino. Se trata de un recurso de los débiles».

«Bajo las fuertes patas del temible caballo de Atila no volvía a crecer la hierba ni vida alguna» (leyenda sobre Atila).

Volví a mi reino y me casé, pero la alegría me duró muy poco, ya que mis soldados me encontraron muerto sobre mi cama la mañana siguiente a mi boda…

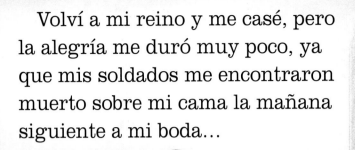

## ¡Qué curioso!

Cuando sus soldados lo encontraron muerto, le hicieron heridas y cortes con una espada, ya que pensaron que semejante guerrero debía ser enterrado llevando en su cuerpo las huellas de la batalla.

## Logros de Atila

* Plantó cara y acabó con el dominio del Imperio Romano de Oriente, conquistando parte de sus territorios y consiguiendo grandes tributos. También debilitó el poder del Imperio de Occidente.

* Su gobierno permitió el libre comercio en el Danubio, que hasta entonces estaba controlado por los romanos.

* Fue uno de los personajes más importantes de los pueblos bárbaros, que eran todos aquellos que no pertenecían al Imperio Romano.

## El caballo de Atila

Cuando alguien entra en un sitio de forma brusca o rompe algo se suele decir que «parece el caballo de Atila». ¿Cómo era este caballo?

Se llamaba Othar, tenía un precioso pelaje gris y era de una raza que ya no existe. Acompañó a Atila en todas sus conquistas y como entre los hunos se creía que el caballo era una prolongación de su rey, lo consideraban un animal sagrado.

# Hipatia

(355-415)

Mujer de ciencia, matemática y astrónoma, fue la figura más destacada de la escuela filosófica de Alejandría. En sus clases, a las que asistían alumnos de todo tipo y condición, se buscaban soluciones a los problemas de la época a través del «entrenamiento» del pensamiento, lo que llevó a Hipatia a convertirse en asesora de los gobernantes y en uno de los personajes más influyentes de su tiempo.

Me llamo Hipatia y pasé la mayor parte de mi vida en Alejandría (Egipto), que por aquel entonces era una importante colonia griega y se la consideraba la ciudad más importante e influyente en el mundo del saber, la ciencia y las artes. Por si este ambiente tan intelectual en el que crecí fuera poco, en mi casa la cultura estaba por todas partes ya que mi padre era Teón de Alejandría, reconocido matemático, astrónomo y filósofo que, además, era el máximo encargado de la biblioteca de la ciudad (una de las más importantes del mundo en aquel momento).

Desde muy joven colaboré con mi padre en sus estudios científicos y fue así como conocí la obra de Ptolomeo, un importantísimo astrónomo griego experto en los movimientos de los astros, un tema que me apasionaba y al que dediqué muchas horas de estudio, porque desde hacía tiempo la idea de que el Sol –y no la Tierra, como todo el mundo creía– estaba en el centro del Universo me rondaba en la cabeza.

# Hipatiamanía

Esta mujer fue pionera en muchas cosas: ocupó un lugar en el mundo académico habitualmente reservado a los hombres, fue una activa defensora de la igualdad –«Todas las personas son capaces de llegar a conocer el mundo perfecto, porque todas tienen la misma alma», decía– y a sus clases asistían alumnos de todo tipo, género y clase social. Aunque su legado nunca cayó en el olvido, en el siglo XVIII su figura resurgió, convirtiéndose en símbolo de la «defensa de la razón y mártir de la filosofía».

Aunque nunca dejé la ciencia de lado, en un viaje a Roma y a Atenas descubrí el maravilloso mundo de la filosofía: ¡qué cosas tan interesantes decían los seguidores de Platón! Así que al volver a Alejandría me dediqué a profundizar en las ideas del sabio griego y fue así como llegué a ser catedrática de Filosofía. Mis clases eran las top y todos los alumnos querían apuntarse a ellas. Y la verdad es que lo pasábamos muy bien porque yo les enseñaba a «entrenar sus neuronas» para resolver todos los problemas: «Es el pensamiento, y no la observación, la mejor forma de conocer la verdad y ampliar el conocimiento», les decía.

Los temas de lo que se hablaba en mis clases les interesaban también a los políticos y a los gobernantes, que venían a mí en busca de consejo.

## Logros de Hipatia

* Fue una de las primeras científicas que creyó que el Sol era el centro del Universo, origen de la teoría heliocéntrica defendida por Copérnico siglos después.

* Fue la figura más destacada de la escuela filosófica de Alejandría, enseñando a las nuevas generaciones cómo aplicar las ideas de Platón en la práctica.

* Diseñó varios instrumentos e inventó el hidrómetro, un aparato para destilar agua y medir la densidad de los líquidos.

## FRASES DE HIPATIA

«Comprender las cosas que nos rodean es la mejor preparación para comprender las cosas que hay más allá».

«Defiende tu derecho a pensar, porque incluso pensar de manera errónea es mejor que no pensar».

«Independientemente de nuestro color, raza y religión, somos hermanos».

Pero no a todo el mundo le gustaba mi labor de asesora: Cirilo, recién nombrado obispo y personaje muy influyente de la época, se puso en mi contra desde el primer momento y empezó a decir muchas mentiras sobre mí. Muchos le creyeron y yo no pude defenderme, y fue así cómo mi vida acabó a manos de una muchedumbre enfurecida.

## La envidia de Cirilo

Alrededor de Hipatia se creó un círculo intelectual formado por nobles, políticos, pensadores y artistas que llegó a ser muy popular. Además, se llevaba muy bien con Orestes, la máxima autoridad de la ciudad. Pero este estaba enemistado con el que sería su sucesor, el obispo Cirilo, quien muerto de envidia por la popularidad de Hipatia, emprendió una campaña contra ella a base de calumnias que la acusaban de bruja y de practicar la magia negra. Su plan surtió efecto e Hipatia murió apedreada.

# Ricardo
## Corazón de León
### (1157-1199)

El rey Ricardo I de Inglaterra recibió el sobrenombre de «Corazón de León» en alusión a su valentía y a su espíritu indomable. Guerrero, gobernante y, también, poeta, su personalidad y sus hazañas produjeron tal fascinación entre sus súbditos que hasta le «perdonaron» que casi llevara a la bancarrota las arcas de su país para pagar su rescate cuando fue hecho prisionero.

¡Vaya líos que teníamos en mi familia! Y es que ser miembro del clan de los Plantagenet (linaje que reinaba en Inglaterra) y los Aquitania (casa real francesa de la que procedía mi madre) no era nada fácil. Os cuento: mi nombre es Ricardo y fui el cuarto de los ocho hijos que tuvieron mis padres. Era una época, la Edad Media, en la que la defensa de los territorios era súper importante, y por eso mi madre, Leonor de Aquitania, se enfadó muchísimo cuando mi padre, que tenía bajo su control un buen número de dominios, intentó hacerse también con algunos de los ducados que le pertenecían a ella por herencia familiar.

Los tres hermanos varones (Enrique, Juan y yo) nos pusimos de parte de mamá, y la cosa se puso tan fea que acabó en una guerra abierta que ganó mi padre. Por este hecho y por otros muchos más, la relación con mi padre siempre fue muy mala. Con mamá, en cambio, me llevaba fenomenal, y fue ella la que se encargó de que recibiera una esmeradísima educación (Aquitania era en el siglo XII uno de los centros culturales más importantes del mundo).

Además del conflicto con mi padre, me las tuve que ver durante mucho tiempo con mi hermano pequeño, Juan Sin Tierra, para recuperar el trono que me correspondía a la muerte de mi hermano mayor.

Al final gané y fui proclamado rey, pero la verdad es que pasé poquísimo tiempo en Inglaterra –según los historiadores, tan solo 10 meses en más de 10 años de reinado–, porque la mayor parte de mi vida estuve en el extranjero, lidiando múltiples batallas.

La más importante fue la Tercera Cruzada, una misión que emprendí junto a los reyes de Francia y Alemania. Yo era el mejor guerrero de los tres y eso, unido a mi victoria frente a Saladino, el hasta entonces invencible sultán de Siria y Egipto, me convirtió en el personaje más famoso de la época.

## Logros de Ricardo I

* Es el mejor ejemplo de rey medieval, ya que fue un valeroso guerrero que defendió el cristianismo y mantuvo a raya a los nobles (que continuamente ponían en riesgo el poder real).

* Aunque apenas prestó atención a la política inglesa, luchó por recuperar muchos de los territorios conquistados por sus enemigos y anexionó otros nuevos, como Chipre.

* Fue un gran jefe de sus ejércitos, a los que conseguía motivar incluso en las batallas más difíciles, poniéndose siempre en primera fila, como uno más.

A la vuelta a Inglaterra, hice las paces con mi hermano Juan. Pero como yo no podía estarme quieto sin batallar con alguien, decidí aliarme con él y declararle los dos la guerra al rey de Francia, que hasta entonces había sido mi aliado pero que había aprovechado mis largas ausencias para arrebatarme varios territorios de mi reino. Y así pasé mis últimos años, luchando y ganando batallas… hasta que una flecha perdida acabó con mi vida, con tan solo 42 años.

## FRASES DE RICARDO I

«La mayor parte de los que se hacen nombrar caballeros son incapaces de arriesgar su vida o su fortuna para demostrar que lo son».

«Los libros me enseñaron a pensar y el pensamiento me hizo libre».

«Nosotros ponemos el amor de Dios y su honor por encima de nuestros intereses y de la conquista de muchos territorios».

ADEMÁS DE REY, GOBERNANTE Y GUERRERO, RICARDO FUE AUTOR DE VARIOS POEMAS EN OÏL Y OCCITANO, LAS DOS LENGUAS EN LAS QUE HABLABA YA QUE, A PESAR DE SER EL REY DE LOS INGLESES… ¡APENAS CHAPURREABA ESTE IDIOMA!

## Un secuestro muy costoso

Ricardo recurría a ingeniosos disfraces para camuflarse de sus enemigos. Pero el rey Leopoldo de Austria –que le tenía muchas ganas, desde una pelea que ambos habían tenido– lo descubrió en una ocasión y lo hizo prisionero, pidiendo como rescate para liberarlo una cifra escandalosa: ¡¡¡150.000 escudos de la época!!!, que era más del triple de los ingresos anuales de la corona inglesa. Leonor de Aquitania acudió en ayuda de su hijo, y para saldar el rescate se inventó un impuesto especial que debían pagar tanto los nobles como el pueblo llano.

# Isabel y Fernando
## Los Reyes Católicos

Este matrimonio cambió no solo la historia de España sino también el concepto de la monarquía que se tenía hasta entonces, creando un nuevo estilo de reinado. Representan el inicio de una nueva época, el Renacimiento, caracterizada entre otras cosas por grandes descubrimientos, como el de América, en el que tuvieron mucho que ver. Cuestiones políticas y de otro tipo aparte, lo cierto es que Isabel de Castilla (1451-1503) y Fernando de Aragón (1452-1516) formaron un excelente equipo.

Somos el matrimonio formado por Isabel de Castilla y Fernando de Aragón, dos de los cinco reinos que había en España en el siglo xv –los otros eran Portugal, Navarra y Granada–. Llegar al trono, sobre todo para mí, Isabel, fue muy difícil, ya que tuve que enfrentarme a los partidarios de mi sobrina Juana. La cosa se puso tan mal que hasta hubo una guerra civil, pero finalmente fui proclamada reina (y «propietaria») de Castilla en 1474. Cuatro años después, en 1479, Fernando sucedía a su padre en la corona de Aragón.

Nosotros nos habíamos casado en 1469, aunque lo tuvimos que hacer a escondidas, porque en esa época los matrimonios de reyes y príncipes se decidían por razones políticas, para crear alianzas y unir territorios. Yo estaba «predestinada» a casarme con el heredero al trono de Francia o el rey de Portugal, así que cuando nuestra boda se hizo pública, tanto los otros reinos de la península como los de los países vecinos se echaron a temblar, ya que Castilla y Aragón eran los dos reinos más potentes, y pensaron que con esta unión ese poder se haría enorme… y no solo no se equivocaron, sino que se quedaron cortos.

# Tú reinas aquí, yo gobierno allí

Conscientes de los problemas que podría traer la unión de dos reinos tan potentes, Isabel y Fernando tuvieron mucho cuidado en repartirse muy bien sus competencias. Así, Fernando reinaba en todos los territorios que formaban la corona de Aragón (Cataluña, Valencia y Mallorca) y se estableció que cada uno de estos territorios conservara sus leyes e instituciones propias. Y lo mismo en el caso de Castilla: Fernando era simplemente el rey consorte, mientras que la que tomaba todas las decisiones era Isabel.

Aunque Fernando y yo establecimos muy bien cuál era nuestro papel en los distintos reinos, lo cierto es que hicimos un estupendo trabajo en equipo. Yo pasaba horas y horas planificando y estudiando cómo reestablecer el orden en un territorio en el que convivían muchos pueblos, culturas y credos, como resultado de las numerosas conquistas de los siglos anteriores, mientras que Fernando era un excelente militar y un experto negociador, lo que le sirvió para los muchos acuerdos diplomáticos a los que tuvimos que llegar (porque en ese momento, casi todos los países europeos estaban enfrentados entre sí y había unos líos enormes).

## LA PENÍNSULA IBÉRICA EN EL SIGLO XV

Reino de Navarra

Corona de Aragón

Reino de Portugal

Corona de Castilla

Reino de Granada

## Logros de Isabel y Fernando

* Unificaron el territorio español y situaron a España en la categoría de primera potencia a nivel mundial.

* Reformaron el concepto de estado feudal, reduciendo el poder de los nobles a los que sustituyeron en los cargos importantes por personas preparadas, que habían estudiado en la universidades, y asesores expertos en los distintos asuntos del estado.

* Con su apoyo y su financiación a Cristóbal Colón, hicieron posible el descubrimiento de América.

Una de las cosas que hicimos juntos y de la que más orgullosos nos sentimos fue no hacer caso a los rumores que corrían sobre un tal Cristóbal Colón, un marinero del que muchos aseguraban que estaba un poco loco, y escucharle cuando este vino desde Portugal hasta nuestra corte para pedirnos ayuda porque estaba convencido que al otro lado del océano había muchas tierras desconocidas. Fue así como, gracias a nuestra ayuda, Colón no solo demostró que de loco, nada de nada, sino que descubrió América. Tuvimos cinco hijos y nuestro matrimonio duró 34 años, hasta mi muerte, en 1503. Fernando me sobrevivió 13 años.

## FRASES DE ISABEL Y FERNANDO

«Debemos evitar mostrar dolor o pena porque eso nos hará más débiles» (Isabel de Castilla).

«Ningún conocimiento prematuro, ningún proceder repentino, ningún salto problemático» (Fernando de Aragón).

«La cólera da ingenio a los hombres apagados, pero los deja en la pobreza» (Isabel de Castilla).

## Carlos I, el nieto

Isabel y Fernando tuvieron la desgracia de sobrevivir a cuatro de sus cinco hijos: Isabel, Juan, Juana, María y Catalina. Todos ellos habían emparentado con las principales casas reales europeas, pero a la muerte de Isabel, solo había un heredero: el príncipe Carlos, hijo de Juana (la única hija que quedaba con vida, pero con problemas mentales, de ahí el sobrenombre de «la Loca») y Felipe de Austria (conocido como «el Hermoso»). El joven creció y se convirtió en el rey Carlos I de España y V de Alemania, y fue uno de los monarcas con más poder de todo el Renacimiento, cuyo imperio era tan grande que se decía que en él «nunca se ponía el Sol».

LA REINA APRENDIÓ LATÍN PARA PODER ENTENDERSE CON LOS DIPLOMÁTICOS EXTRANJEROS SIN NECESIDAD DE EMPLEAR INTÉRPRETES. Y LLEGÓ A CONOCER TAN BIEN ESTA LENGUA, QUE CUANDO OÍA MISA, SI ALGÚN SACERDOTE PRONUNCIABA MAL UNA PALABRA LATINA, TOMABA NOTA DE ELLO PARA CORREGIRLE AL ACABAR.

# Leonardo
## da Vinci
### (1452-1519)

Parece increíble, en una época en la que no existía internet, que un hombre sin estudios –siempre se refería a sí mismo como «iletrado»– llegara a brillar en tantas y tan distintas disciplinas. Pero Leonardo da Vinci lo logró, convirtiéndose así no solo en un ejemplo de superación, sino en la personificación de una época: el Renacimiento.

Hola, me llamo Leonardo. Seguramente ya sabrás quién soy sin necesidad de que te diga mi apellido, pero por si acaso hay algún despistado, éste es da Vinci. Nací en Italia, en un pueblo de la Toscana, dentro de una familia muy humilde, así que no tuve la oportunidad de estudiar, pero no por ello dejé de aprender ni un solo minuto de mi vida.

Desde pequeño fui un gran observador y siempre reflejaba en mis cuadernos las cosas que veía... o que me imaginaba. Mi padre, consciente de mis dotes para el dibujo, movió sus contactos para que yo pudiera entrar en el taller de Verrocchio, uno de los artistas más famosos del momento. Pero claro, una cosa era recibir clases del maestro y otra poder pagarlas, así que tuve que trabajar en distintas cosas para financiar mis estudios. Fue así cómo llegué a ser camarero en una taberna, donde –como no podía ser de otra forma– apliqué mis dotes creativas para innovar en la comida toscana (¡incluso llegué a abrir un restaurante junto a otro pintor famoso, Botticelli!). Quién sabe: si el arte, las ciencias y los demás saberes que cultivé en mi vida me hubieran dejado tiempo, a lo mejor también habría sido un gran «chef»...

Mi profesión «oficial» era pintor, y alternaba los encargos de pinturas –y, también, de esculturas– que me hacían, con los experimentos y diseños de «cacharros» que continuamente se me ocurrían y a los que dedicaba horas y horas de estudio y dedicación.

El descubrimiento de estos trabajos muchos siglos después hizo que fuera reconocido como un auténtico genio (no lo digo yo, ya que esas cosas de la fama y el postureo no me iban nada, sino que es el «veredicto» que sobre mí y mi obra han hecho expertos de todos los ámbitos).

## El «sfumato» y la «Gioconda»

Leonardo es además uno de los pintores más importantes de la Historia del Arte. Creó la técnica del «sfumato», que consiste en aumentar varias capas de pintura alrededor de los protagonistas de sus cuadros, para así reproducir el efecto de la atmósfera. Su obra más importante es la «Gioconda» o «Mona Lisa» y es también el autor de otros cuadros famosos como «La última cena», «El hombre de Vitrubio» o «La dama del armiño».

## FRASES DE LEONARDO

«Si una persona es perseverante, aunque sea dura de entendimiento, se hará inteligente, y aunque sea débil se transformará en fuerte».

«Quien de verdad sabe de qué habla no encuentra razones para levantar la voz».

«Aquel que no castiga la maldad ordena que se haga».

*Yo, Leonardo de Pisa*

Viví en distintas ciudades y países (Florencia, Milán, Roma, Venecia, Francia...) y no me dio ninguna vergüenza ponerme a estudiar idiomas (latín, griego) y asignaturas como las matemáticas (me di cuenta de que eran necesarias para que mis inventos pudieran funcionar) cuando ya lucía canas en el pelo. Hasta el último de mis días –fallecí a los 67 años– estuve dibujando y apuntando cosas en mis cuadernos (se han recuperado más de 7.000 páginas de mis escritos), a pesar de la parálisis que tenía en uno de mis brazos. Ya veis: no podía quedarme quieto.

Leonardo dormía ¡solo dos horas por la noche! Eso sí, para mantener a raya el cansancio, echaba mini-siestas cada cuatro horas.

## Logros de Leonardo

* Ningún otro personaje de la Historia ha destacado en tantas disciplinas y dejando un legado tan importante para la Humanidad: pintor, escultor, biólogo, ingeniero, arquitecto, filósofo, botánico...

* Muchos de sus prototipos (bicicleta, avión, cañones), que en su día no se tuvieron en cuenta, fueron de gran utilidad muchos siglos después, al desarrollarse en forma de inventos.

* Junto a Miguel Ángel y Rafael, forma parte de los «tres grandes» pintores renacentistas italianos, cuya influencia cambió para siempre las técnicas artísticas.

# Moctezuma

(1466-1520)

Miembro de la dinastía azteca, el joven Moctezuma ya dejaba boquiabiertos a todos por sus dotes para la carrera militar; tras ser nombrado Tlatoani (rey), las fronteras de su imperio –y las riquezas de sus arcas– crecieron como nunca antes lo habían hecho. Una carrera imparable que solo pudo frenar la llegada de Hernán Cortés.

Mi nombre es Moctezuma Xocoyotzin. Soy hijo del rey Axayácatl y de la princesa Izelcoatzin, hija del rey Nezahualcóyotl, es decir, pertenezco a la «familia real» del imperio Azteca (también llamado Mexica), que por entonces era el pueblo más desarrollado en todos los aspectos (económico, político, militar y cultural), del Nuevo Mundo, extendiéndose por todo el valle de México y los territorios de alrededor.

Desde pequeño me preparé a fondo para ser guerrero, destacando muy pronto en mi cargo de jefe militar al frente del ejército. Así que cuando murió mi tío Ahuizotl (el pobre se ahogó durante una enorme inundación que casi acaba con nuestro pueblo), fui coronado como el noveno Huey Tlatoani (rey/emperador) de los aztecas, en una ceremonia en la que yo no hacía más que pensar en que había que seguir con la expansión de territorios que habían iniciado mis predecesores y que habían convertido a mi pueblo en el gran imperio que era, gracias tanto a su extensión como a las riquezas de sus arcas, que procedían en buena parte de los tributos que se cobraban a los territorios sometidos.

Océano Atlántico

IMPERIO
AZTECA

Océano Pacífico

Fueron años de grandes logros y, también, de alguna que otra guerra de la que mi ejército siempre salía victorioso. Cuando en 1519 los conquistadores españoles, con Hernán Cortés al frente, llegaron a la capital de nuestro territorio, Tenochtitlan, yo salí a recibirles amablemente en calidad de emperador. Al principio la cosa fue muy cordial, tanto que hospedé a Cortés en el mejor alojamiento de todo el Imperio, el palacio de Axayácatl, y homenajeamos a nuestros invitados con regalos hechos de oro y plata.

## «La noche triste» y el tesoro perdido

Tras la muerte de Moctezuma, Cuauhtémoc, su sucesor, plantó cara a los conquistadores, y estos abandonaron la capital del Imperio por la noche llevándose buena parte del tesoro del difunto emperador. Fueron sorprendidos en plena huida, lo que dio lugar a una sangrienta batalla (por eso se la conoce como «la noche triste»). Muchos de los españoles, para salvarse, tiraron el tesoro al fondo de un lago. Nunca más se supo del cuantioso botín.

## ¡Qué curioso!

Algunos historiadores afirman que entre Moctezuma y Cortés se forjó una buena amistad. Hay datos que indican que pasaban mucho tiempo juntos, dando largos paseos y jugando a juegos típicos de la cultura azteca que Moctezuma le enseñaba al español.

Pero la armonía duró poco por varias razones: por un lado, Cortés y sus hombres, temerosos de nuestro poder y con miedo a que les atacáramos, se aliaron con nuestros enemigos, los tlaxcaltecas y los totonacas; por otro, un grupo de aztecas no veían nada bien la relación con los conquistadores, y continuamente conspiraban para declararles la guerra. Al final fui hecho prisionero; mi pueblo se rebeló y cuando Cortés me pidió que saliera al balcón y les pidiera que se calmasen, una piedra (no está claro si arrojada por los conquistadores o por uno de mis súbditos) acabó con mi vida.

# FRASES DE MOCTEZUMA

«Era hombre de buenas fuerzas, suelto y ligero; tiraba bien el arco, nadaba y hacía bien todos los ejercicios de guerra» (descripción que hace de Moctezuma el historiador Cervantes de Salazar).

«La bebida de los dioses que ayuda a resistir y combatir el cansancio, el xocolatl (chocolate), permite a un hombre a caminar un día entero sin haber comido».

«La verdad es que, más que gobernador, a mí lo que me habría gustado es seguir siendo tlacochcálcatl (jefe militar)».

## Logros de Moctezuma

* Fue uno de los gobernantes más importantes de la historia del Imperio Azteca, que con él vivió su momento de más esplendor.

* En sus 18 años de gobierno, sus tropas consiguieron someter militarmente casi todo el centro y el sur de México.

* Lideró la expansión del Imperio Azteca, logrando la conquista de 450 poblaciones de toda Mesoamérica.

# Michel de
# Nostradamus

## (1503-1566)

Médico de reconocidos méritos y consultor astrológico, la fama le llegó a este enigmático personaje a través de sus vaticinios sobre el futuro que recogió en un libro titulado «Profecías». Respecto a si Nostradamus acertó o no, hay teorías para todos los gustos, pero la realidad es que muchas de las cosas que él predijo que iban a pasar encajan perfectamente con hechos históricos ocurridos muchos siglos después…

Mi verdadero nombre era Michel de Nostredame y nací en la Provenza, al sur de Francia. Mi padre era notario, así que mi familia tenía muchos posibles y yo tuve la suerte poder estudiar en los mejores colegios, de ahí la gran cultura de la que hice gala toda mi vida. La mayoría de mis parientes maternos se habían dedicado a las ciencias, a las matemáticas y a la medicina, y yo heredé el interés por esa rama del conocimiento. Mi ídolo era Copérnico y me gustaba tanto que –lo tengo que reconocer– sacaba de quicio a mis profesores defendiendo a voz en grito sus teorías (que por entonces, no eran muy populares).

Me matriculé en la Universidad de Montpellier para estudiar Medicina, profesión que empecé a ejercer enseguida, ya que Francia (al igual que buena parte de Europa) estaba siendo devastada por una enfermedad muy grave, la peste bubónica. Viajé mucho curando a los enfermos y pronto mi fama de buen médico se extendió por todo el país, así que se puede decir que la peste me dio prestigio, pero también me quitó cosas muy importantes, ya que mi primera esposa y los dos hijos que tuvimos murieron a consecuencia de ella.

Volví a la Provenza y poco a poco fui dejando la Medicina para dedicarme a escribir sobre otros temas que me apasionaban: la alquimia y la astrología. Fue así como empecé a redactar unas publicaciones que estaban muy de moda en aquella época: los almanaques astrológicos.

¿Os cuento un secreto? Yo había heredado de mis abuelos un don: el de percibir lo que iba a pasar en el futuro (al menos, yo estaba convencido de ello), así que me decidí a utilizarlo para redactar los almanaques, cambiando mi nombre real por el de Nostradamus, que sonaba más «latino» (un truco para que me tomaran en serio y distinguirme de los charlatanes que había en ese momento).

¡Vaya éxito que tuve! Hasta la mismísima reina de Francia, Catalina de Médici, me pidió que fuera el «hacedor de horóscopos oficial» de la familia real, convirtiéndome poco después también en el médico de la corte.

Entre los hechos que se asegura que profetizó están el Gran Fuego de Londres, la Revolución francesa, las conquistas de Napoleón, la llegada al poder de Hitler, las bombas atómicas de Hiroshima y Nagasaki, y el atentado terrorista de las Torres Gemelas de Nueva York.

Entretanto, fui escribiendo la obra que me daría la mayor fama: las «Profecías», en el que cuento tanto acontecimientos ocurridos desde el siglo XV como los que van a pasar hasta la fecha en la que, según mis «poderes», se va a producir el fin del mundo: el año 3797 d.C. Aunque tuve enemigos y detractores, la verdad es que gocé de gran reconocimiento en vida, y lo disfruté hasta el día de mi muerte que, como no podía ser de otra manera, también predije: el 2 de julio de 1566.

## Logros de Nostradamus

* Como médico, contribuyó notablemente el tratamiento de la peste, al aplicar con éxito su idea de que los enfermos mejoraban si también lo hacían su alimentación y su higiene.

* Frente a las teorías de los charlatanes y los «visionarios», las profecías –o teorías– de Nostradamus tenían una base «científica», ya que se basaban en sus conocimientos sobre astrología y astronomía.

## Escribir...
## para que no se entienda

Se dice que los escritos y las profecías de Nostradamus tienen tantas interpretaciones como personas que las leen. Están escritas en cuartetas (estrofas de 4 versos) y redactadas de forma muy liosa: por ejemplo, omite palabras necesarias para entender una frase y unos párrafos después da pistas que ayudan a descubrir la palabra que falta.

# FRASES
# DE NOSTRADAMUS

«En el rincón de la Luna vendrá a posarse / donde será capturado y en tierra extraña / gran vituperio, a uno de gran alabanza» (posible profecía sobre la llegada del hombre a la Luna, cuatro siglos antes de producirse).

«¿Profeta? No deseo atribuirme un título tan elevado en este momento».

«Mañana ya no estaré aquí» (se la dijo a su secretaria la noche antes de su muerte).

*Nostradamus*

# Benjamin Franklin

## (1706-1790)

Casi, casi, podría ser lo más parecido a un «Da Vinci» norteamericano: impresor, escritor, promotor cultural, político, diplomático, científico e inventor, para Benjamin Franklin el tiempo era el bien más preciado, así que se dedicó toda su vida a aprovecharlo al máximo… ¡Y vaya si lo consiguió!

Me llamo Benjamin, mi apellido es Franklin y soy… ¡el número 15 de 17 hermanos! Con tantos hijos, y en aquella época, es comprensible que solo pudiera asistir a la escuela de mi ciudad, Boston (EE.UU.) hasta los 10 años, pero os puedo asegurar que no dejé de estudiar ni de aprender por mi cuenta ni un solo día de mi vida. Empecé a trabajar en la fábrica de velas y jabones de mi padre y cuando a los 15 años uno de mis hermanos fundó un periódico, el «New England Courant», y me llevó como ayudante, me quedé como hipnotizado con una máquina que hacía «magia»: la imprenta.

Mientras aprendía a manejarla empecé a escribir mis primeros artículos periodísticos (los publiqué con un seudónimo, porque me daba un poco de vergüenza). Como lo de la imprenta se me daba muy bien, mi hermano me mandó a Inglaterra para que perfeccionara mi técnica (fue el primero de los ocho viajes que hice a Europa a lo largo de mi vida), y aprendí tanto que cuando volví a EE.UU. empecé a trabajar por mi cuenta como tipógrafo y editor. Tuve la suerte de que me hicieran un encargo muy importante: imprimir el papel moneda para las colonias británicas en América, lo que me dio mucho prestigio.

# El pararrayos

Uno de los campos que más fascinaba a Benjamin era el de la electricidad (definió los conceptos de electricidad positiva, electricidad negativa, batería y conductor eléctrico), y a medida que conocía más cosas sobre ella, más le intrigaba comprobar si las tormentas eran o no fenómenos eléctricos. Y así, una noche tormentosa, hizo volar una cometa hecha completamente de seda y terminada en una punta metálica, a cuyo cordel, de seda también, ató una llave. Fue así cómo comprobó que las nubes estaban cargadas de electricidad, la cual se «almacenaba» en la llave y se transmitía hasta la punta de la cometa. Había nacido el pararrayos.

El mundo de las publicaciones me gustaba mucho (incluso fundé un periódico), pero había otra cosa que cada vez me motivaba más: aportar mi granito de arena para mejorar las condiciones de mi ciudad (vivía en Filadelfia). Me dediqué a ello con pasión y conseguí logros de los que me siento muy orgulloso, como la construcción de la primera biblioteca pública y la creación del primer cuerpo de bomberos de mi ciudad. Gracias a ello, fui elegido miembro de la Asamblea General de Filadelfia, entrando así de lleno en el mundo de la política, en un momento en el que se empezaba a «cocinar» la creación de lo que poco después serían los EE.UU.

¿Cómo se le ocurrían a Franklin tantos inventos? Observando dónde había un problema y buscando una solución. Pensando cómo nadar mejor y más rápido, creó las primeras aletas de buceo (eran de madera y se ponían en las manos); el brazo largo (una herramienta que permitía agarrar fácilmente los libros de las estanterías); las lentes bifocales (cortó las lentes de dos pares de gafas a la mitad, y creó unas nuevas, por las que podía mirar tanto de lejos como de cerca) o el cuentakilómetros (para medir las distancias que recorrían los carteros cuando fue administrador de correos de su ciudad).

Tuve el honor de participar en la redacción de la Declaración de Independencia de Inglaterra de las colonias americanas en 1776, y fui enviado en misión diplomática a Londres, para mediar en la guerra que este país tenía con los estados norteamericanos. Y entre viaje y viaje y proyecto y proyecto, seguí estudiando, aprendiendo… ¡e inventando! Sí, tengo el orgullo de haber diseñado, entre otras cosas, un artilugio que, desde entonces, ha conseguido frenar los rayos de las tormentas. Por todo ello tuve un gran reconocimiento no solo en mi país sino también en Europa, del que disfruté hasta el momento de mi muerte, a los 84 años.

## Logros de Franklin

* Sin apenas formación académica, Franklin demostró lo que se puede conseguir con estudio, constancia y talento.

* A él debemos un buen número de inventos que son imprescindibles en la actualidad.

* Fue uno de los autores de la Declaración de la Independencia de las colonias americanas respecto a Gran Bretaña.

## FRASES DE FRANKLIN

«¿Amas la vida? No desperdicies el tiempo, porque es la sustancia de que está hecha».

«Dime y lo olvido; enséñame y lo recuerdo; involúcrame y lo aprendo».

«Aquel que se ama a sí mismo no tiene rival ninguno».

# Julio Verne

## (1828-1905)

La obra de Julio Verne se escribió en el siglo XIX. ¿Cómo entonces aparecen en ella tecnologías, medios de transporte y objetos que aún tardarían casi un siglo en inventarse? ¿Tenía el escritor francés una bola de cristal en la que veía el futuro? ¿Era una especie de profeta? Nada de eso: sus únicas «armas futuristas» eran su curiosidad científica y una imaginación sin límites.

Me llamo Julio Gabriel Verne y vine al mundo en la isla Feydeau, en Nantes (Francia). Mi padre era abogado (una profesión que intentó inculcarme, sin mucho éxito) y debido a su carácter serio y estricto, nunca entendió muy bien lo que él calificaba como «mis locuras».

Estas empezaron «oficialmente» el día en el que mi hermano pequeño y yo encontramos en el desván de casa un baúl lleno de cartas que pertenecían a los antepasados de mi madre, unos armadores escoceses que habían vivido muchas aventuras en tierras lejanas. ¡No podíamos parar de leer, era como viajar con una cápsula del tiempo! Desde ese momento lo tuve claro: iba a dedicarme a viajar, y mientras imaginaba mis futuras travesías, devoraba todos los libros y artículos que hablaban de ciencia y descubrimientos.

A regañadientes, me fui a París a estudiar Derecho, y puedo decir que ese fue el único periodo de mi vida en el que me aburrí… pero enseguida le puse remedio: escribí una obra de teatro que, aunque no tuvo mucho éxito, me sirvió para ver claro lo que de verdad quería hacer el resto de mi vida (además de viajar): escribir.

Mi segunda experiencia literaria fue mejor: la titulé «Cinco semanas en globo» y le gustó tanto a un editor que me pidió que escribiera más libros por el estilo, en los que aparecieran «todos los conocimientos geográficos, geológicos, físicos y astronómicos de la ciencia moderna». Con el dinero que gané con este libro hice realidad otro de mis sueños: me compré un yate y, al igual que mis antepasados, me dediqué a recorrer Europa a bordo de mi «nave», mientras escribía, una tras otra, historias en las que hablaba de cosas, instrumentos y artilugios que nadie conocía entonces: cohetes espaciales, submarinos, helicópteros…

## FRASES DE JULIO VERNE

«Llegará un momento en el que las creaciones de la ciencia sobrepasarán las de la imaginación».

«La ciencia se compone de errores, que a su vez son los pasos hacia la verdad».

«Si un hombre se imagina una cosa, otro la hará realidad».

## En muchas lenguas

Julio Verne es el segundo autor más traducido del mundo, solo por detrás de la escritora británica Agatha Christie. Entre sus libros más famosos se encuentran: «20.000 leguas de viaje submarino», «De la Tierra a la Luna», «Viaje al centro de la Tierra», «Los hijos del capitán Grant», «La isla misteriosa», «Un capitán de 15 años», «Miguel Strogoff», «Las tribulaciones de un chino en China»…

La verdad es que la idea original de todos estos inventos no era mía, sino que los creaba a partir de los datos que encontraba en mi enorme colección de artículos sobre avances y tecnologías; lo que hice en mis libros fue imaginar qué usos se le podían dar a todos esos adelantos y curiosamente, muchos años después de mi muerte, mis ideas se hicieron realidad en la práctica. Entre libros y viajes aún tuve tiempo para dedicarme a la política: fui durante 16 años concejal de la ciudad de Amiens, en la que pasé los últimos años de mi vida.

## Logros de Julio Verne

* Se le considera el creador del género literario de la ciencia ficción.

* La descripción y el protagonismo que dio en sus libros a los avances científicos que imaginaba marcaron el camino para que inventores y hombres de ciencia del siglo xx hicieran realidad buena parte de estas «invenciones vernianas».

* Personajes como Yuri Gagarin (el primer hombre que voló al espacio), Richard Byrd (explorador y aviador norteamericano) o Édouard Belin (inventor del belinógrafo) confesaron que la obra de Verne fue lo que hizo que se dedicaran a sus respectivas profesiones.

## Inventos de Verne

Aunque a Verne le molestaba mucho que le llamaran profeta o visionario, muchos expertos reconocen que los artilugios que describe en sus obras son el origen de inventos como los grandes trasatlánticos, internet, el fax, la fotocopiadora, el ascensor, los viajes espaciales o la videoconferencia, entre muchos otros.

# Albert Einstein

(1879-1955)

Para sorpresa –más bien estupor– de todos los que desde pequeño vaticinaron un futuro mediocre a ese niño callado, de aire distraído y tan distinto al resto de sus compañeros «normales», Albert Einstein no solo llegó a cursar una carrera universitaria, sino que transformó el mundo de la Física con sus teorías e, incluso, ganó un Premio Nobel.

Seguramente habrás visto alguna vez una foto en blanco y negro de un señor con la mirada un poco alocada, una mata de pelo blanco despeinado y la lengua fuera. Sí, soy yo, Albert Einstein. Nací en la localidad alemana de Ulm, en el seno de una familia judía. Mi padre era vendedor de colchones y mi madre podría haber sido la «coach» más famosa del mundo si hubiera vivido unos años más tarde, ya que gracias a su empeño, a la forma en la que me educó y a sus consejos, yo llegué a ser lo que fui.

Nunca fui un niño lo que se dice normal, ni física (la forma de mi cráneo era muy extraña y mi expresión era siempre distraída) ni intelectualmente (empecé a hablar ¡a los 9 años! y estaba siempre metido en mi mundo). Mis profesores no sabían qué hacer conmigo y la mayoría de las veces optaban por ignorarme. Pero por más que le insistían a mi madre en que yo era «peculiar» y le advertían de que lo más seguro era que no llegara a terminar los estudios primarios, ella afirmaba rotunda: «De eso nada, mi Albert es un genio». Y esa misma idea me la transmitió a mí.

$$E = mc^2$$

Albert Einstein

La foto de Albert Einstein sacando la lengua es una de las más famosas del científico. Seguro que la has visto en camisetas, tazas y todo tipo de objetos. ¿Cuál es su historia?

La foto la hizo en 1951 el fotógrafo Arthur Sassel. Einstein salía del Princeton Club, donde había celebrado su 72 cumpleaños y posó pacientemente para los fotógrafos que lo esperaban. Se había subido a su coche para irse ya cuando fue alcanzado por Sasse, quien le pidió una sonrisa. Por cansancio o harto del acoso de los reporteros, Einstein le sacó la lengua y Sasse capturó el gesto del científico.

A Einstein le gustó tanto que encargó nueve copias para regalarlas a sus amigos.

Donde otros venían despiste, desinterés o poca inteligencia, mi madre interpretó claramente un enorme talento para la ciencia y el análisis de los fenómenos físicos, y me supo inculcar el interés por estos temas desde muy pronto. De hecho, recuerdo que el juguete que más marcó mi infancia fue una brújula que me regaló mi padre para que estuviese entretenido en una ocasión en la que tuve que pasar muchos días en la cama (creo que ese artilugio es el «culpable» de mi Teoría de la Relatividad).

Aunque no sin dificultad, finalmente conseguí entrar en la Facultad de Física de la Universidad de Zurich (Suiza), una de las más importantes en esa materia.

Para Einstein, cosas como vestirse adecuadamente o ir a la peluquería eran absolutamente prescindibles (esto puede explicar lo peculiar de su aspecto). Nunca usaba pijama ni se ponía calcetines, odiaba las camisas de manga larga, y siempre viajaba en la clase más barata.

Para financiar mis estudios empecé a trabajar en una oficina hasta que terminé la carrera y pude dedicarme al completo a la investigación de los fenómenos físicos, sobre todo los que tenían que ver con la energía y con la relación entre el tiempo y el espacio. El resultado fue la famosa Teoría de la Relatividad, que marcó un antes y un después en el mundo de la ciencia y gracias a la cual se me otorgó el Premio Nobel de Física en 1921.

Tuve que abandonar Europa al estallar la II Guerra Mundial, debido a mi condición de judío, y me fui a EE.UU., donde pasé los últimos años de mi vida y donde fallecí, a los 76 años.

## Un cerebro brillante... y muy viajero

Einstein dejó escrito que deseaba ser incinerado a su muerte, pero su cerebro fue «secuestrado» por un patólogo admirador del científico, que se lo llevó, en un frasco de cristal, en los largos viajes que se veía obligado a realizar por EE.UU. Cuando finalmente el cerebro cayó en manos de científicos más «serios», estos pudieron comprobar que tenía muchas más neuronas que un cerebro normal, es decir, que era un genio.

## Logros de Einstein

* Es el autor de la Teoría de la Relatividad, gracias a la que se han podido explicar muchos de los «enigmas» que había hasta entonces referentes a los fenómenos terrestres.

* Entre las aplicaciones prácticas de esta teoría se encuentran la bomba atómica y el desarrollo de tecnologías tan importantes en la actualidad como el GPS.

* Otros hallazgos suyos son la equivalencia masa-energía y el efecto fotoeléctrico, ambos muy importantes en el campo de la Física.

## FRASES DE EINSTEIN

«La debilidad de actitud se vuelve debilidad de carácter».

«Hay una fuerza motriz más poderosa que el vapor, la electricidad y la energía atómica: la voluntad».

«Trata de no ser un hombre de éxito. En lugar de eso, intenta convertirte en un hombre de valor».

Alberto Einstein

# Antoine de Saint-Exupèry
## 1900-1944

Aviador, periodista y escritor, Saint-Exupèry ha pasado a la historia por ser el autor de uno de los libros más leídos desde que fue publicado en 1943: «El Principito», en el que además de contar una historia muy original, quedan reflejadas muchas de las experiencias acumuladas a lo largo de su carrera de aviador y también se dan algunas pistas sobre su biografía y su forma de pensar.

Nací con el siglo XX, dentro de una familia aristocrática francesa. Fui el tercero de cinco hermanos y aunque mi infancia fue feliz, tuve que enfrentarme a la pena de perder a mi padre cuando yo solo tenía cuatro años. Mi madre, que era una mujer muy culta, nos enseñó a amar el arte y la literatura, y tal vez por eso, desde pequeño, me acostumbré a leer mucho y a escribir todos los días. De esta forma, la escritura se convirtió en la primera de mis pasiones.

La segunda era volar: ¡los aviones que empezaban a surcar los cielos del planeta eran para mí lo más! Aunque ingresé en la Academia de Bellas Artes de Francia para estudiar Arquitectura, pronto me di cuenta de que el dibujo no era mi fuerte (aunque las ilustraciones que aparecen en mi obra más famosa, «El Principito», las hice yo), y aproveché el servicio militar para formarme como aviador. Al terminar, la compañía aeropostal francesa me contrató y así me convertí en uno de los afortunados que protagonizaron los primeros años de la aviación.

Viajé por toda Europa y por las colonias francesas en África, y entre vuelo y vuelo, me dedicaba a mi otra «debilidad»: la escritura. Fue así como en 1926 me animé a publicar en una revista literaria una novela que se llamaba (no podía ser de otra forma), «El aviador». Las buenas críticas me animaron a seguir escribiendo, e incluso llegué a ganar algún premio literario.

Aunque era feliz en el aire, tuve que enfrentarme a muchos sustos, como cuando mi avión se estrelló en el desierto del Sáhara. Tanto yo como mi copiloto sobrevivimos, pero pronto nos quedamos sin provisiones y sin agua, lo que, unido al calor del desierto, hizo que sufriéramos alucinaciones y que llegáramos al límite de nuestras fuerzas. Por suerte, fuimos rescatados cuatro días después del accidente, y conté después esta aventura en otro de mis libros, «Tierra de Hombres».

El Sáhara también me inspiró el argumento de «El Principito» (si lo lees, te darás cuenta enseguida). Lo escribí en EE.UU., país en el que estuve viviendo una temporada. Al estallar la II Guerra Mundial, volví a Europa, para incorporarme a la Fuerza Aérea de Francia y realizar misiones de reconocimiento para recabar información de las tropas enemigas. Y fue durante una de estas misiones cuando mi avión desapareció para siempre en el Mediterráneo...

El principito
Antoine de Saint-Exupèry

## Una flor, un zorro y un pequeño príncipe

Uno de los secretos del éxito de «El Principito» es que es un libro para niños... y, también, para adultos. Los personajes que aparecen –el zorro, la serpiente, la flor– han sido estudiados por muchos críticos literarios, y hay muchas teorías sobre qué quiso decir Saint-Exupèry a través de ellos (aunque, seguramente, su deseo fuera que cada lector interpretase lo que quisiera al leerlo). El libro se ha traducido a más de 250 idiomas y es uno de los más vendidos de la Historia.

# Logros de Saint-Exupèry

\* Es el autor de «El Principito», considerada una de las mejores obras literarias del siglo XX y que en muchos países, como Francia, es de lectura obligatoria en los colegios.

\* Fue un importante piloto en los inicios de la aviación y formó parte de uno de los primeros servicios postales aéreos del mundo.

\* En sus viajes, encontró nuevas rutas aéreas comerciales, participó en la búsqueda de pilotos desaparecidos e incluso intervino en negociaciones para conseguir liberar a aquellos que habían sido hechos prisioneros.

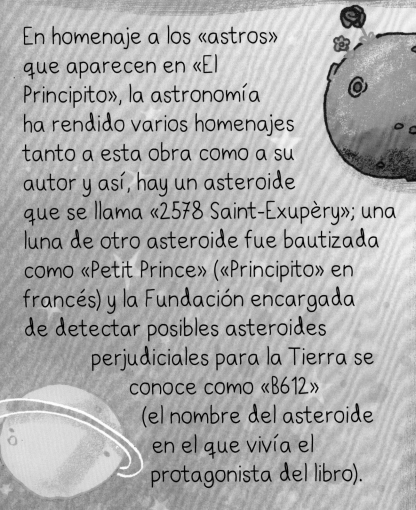

En homenaje a los «astros» que aparecen en «El Principito», la astronomía ha rendido varios homenajes tanto a esta obra como a su autor y así, hay un asteroide que se llama «2578 Saint-Exupèry»; una luna de otro asteroide fue bautizada como «Petit Prince» («Principito» en francés) y la Fundación encargada de detectar posibles asteroides perjudiciales para la Tierra se conoce como «B612» (el nombre del asteroide en el que vivía el protagonista del libro).

# FRASES DE SAINT-EXUPÉRY

«Detesto la gente que escribe para divertirse, que busca efectos. Primero hay que tener algo que decir».

«Todos los mayores han sido primero niños, pero pocos lo recuerdan».

«Solo con el corazón se puede ver bien; lo esencial es invisible a los ojos».

Antoine de Saint-Exupéry

# Anastasia
## Romanov
### (1901-¿1918?)

¿Sobrevivió la menor de las hijas del último zar de Rusia a la muerte de toda su familia?, ¿fueron Anastasia Romanov y Anna Anderson la misma persona? Estos son algunos de los interrogantes en torno a la figura de esta joven que tantos libros y películas ha inspirado y cuya historia –real o no– resulta súper, súper, súper interesante…

Mi nombre es Anastasia Nicolaeivna Romanov-Oldenburg-Holstein-Gottorp, y soy la cuarta de los cinco hijos del zar de Rusia Nicolás II Romanov y de la princesa alemana Alejandra de Hessen. Éramos cuatro chicas –Olga, Tatiana, María y yo– y un chico, mi hermano pequeño Alexei, que era mi ojito derecho. Yo cuidaba siempre de él e íbamos a todos lados juntos.

Todos los hermanos aprendimos varios idiomas, recibimos una esmerada educación musical y teníamos profesores de baile, algo muy importante, ya que una de las cosas por las que era conocida en toda Europa la corte rusa eran sus pomposas fiestas.

Yo era muy alegre y traviesa, me encantaba estudiar y disfrutaba participando en las fiestas que se celebraban en palacio, jugando al tenis (mi deporte favorito) o yendo a las excursiones que organizaba mi abuela, la reina María de Dinamarca, que era una experta en contarnos historias y leyendas.

Y así pasé mi infancia, feliz y despreocupada…

… hasta que en 1917 todo cambió: en mi país estalló una revolución y toda la familia real fuimos hechos prisioneros. Abandonamos nuestro precioso palacio y fuimos conducidos a la fría Siberia.

Familia real rusa.

Nos instalaron en una pequeña granja, en la localidad de Ekaterinburg, y allí pasamos dos meses, hasta que una noche, la del 16 al 17 de julio de 1918, nuestros carceleros nos llevaron a un sótano, diciéndonos que nos iban a hacer una foto, pero los disparos que se oyeron no procedían de las cámaras sino de unos rifles cuyas balas se dirigieron a los siete miembros de mi familia. A partir de ahí, todo se borra en mi memoria...

Dos años después, un hombre que paseaba por un puente de Berlín vio a una joven que estaba a punto de arrojarse al río. La rescató y la llevó a un hospital, donde fue registrada con el nombre de Anna Anderson y diagnosticada de amnesia.

Unos meses después, esa joven recobró la memoria y para sorpresa de todos, declaró llamarse Anastasia y ser la hija pequeña del zar Nicolás.

# El «veredicto» del ADN

Cuando Anna-Anastasia falleció, las técnicas de ADN que permiten descubrir el parentesco de las personas aún no se utilizaban, pero años después fue posible analizar con este método los restos encontrados en la tumba (desconocida hasta 1991) de la familia del zar. Este ADN se contrastó con el de algunos miembros de la realeza europea, emparentados con los Romanov, y con unas muestras del de Anna, que se conservaban en un hospital donde se le había hecho una operación. El resultado fue que no se trataba de la verdadera Anastasia, pero aún hay algunos enigmas al respecto: por ejemplo, el cadáver atribuido a la princesa mide 13 cm más de lo que medía la joven Romanov...

Al principio nadie la creyó, pero a medida que fue dando detalles, todo el mundo se preguntaba cómo podía tener tantos recuerdos de los Romanov si no era uno de ellos. La joven contó que había quedado malherida tras los disparos y que un soldado ruso llamado Tchaikovsky la curó y la rescató.

Anna-Anastasia tuvo que enfrentarse a muchos juicios durante su vida para probar su verdadera identidad. Muchos la tacharon de impostora; otros, como la reina María de Dinamarca, no tuvo ninguna duda de que se trataba de su nieta al entrevistarse con ella. A la muerte de esta mujer, en 1984, el debate seguía abierto, pero yo os aseguro que Anna Anderson es la verdadera Anastasia… ¿o no?

# FRASES DE ANASTASIA

«Pues claro que no soy Tatiana. ¡Soy Anastasia!» (frase de Anna Anderson cuando un familiar de los zares la visitó para confirmar su identidad y la confundió con otra de las zarinas, Tatiana).

«Parece indudable que la Gran Duquesa Anastasia no murió» (noticia del periódico español ABC, del 8 de enero de 1958).

«¿Por qué lucho yo todavía?, ¿por mi nombre, por mi honor o por mi dinero? Lo hago por mi nombre» (biografía de Anna Anderson-Anastasia).

## Logros de Anastasia

* Gracias a las investigaciones realizadas en torno a Anna-Anastasia se saben muchos datos sobre cómo fueron los últimos días de los Romanov.

* Ante la proliferación de «falsas Anastasias», potenciales herederas del tesoro imperial, el banco de Ginebra, en Suiza, creó un «examen» para detectar a las impostoras.

Anna Anderson

# Teresa de Calcuta
## (1910-1997)

Desde que llegó a la India, Teresa de Calcuta se dedicó a ayudar a los más desfavorecidos: esta mujer menuda, enfundada en un hábito en forma de sari (vestido tradicional usado por las mujeres indias), no dudó en plantarse ante los más poderosos del planeta pidiéndoles ayuda para su causa.

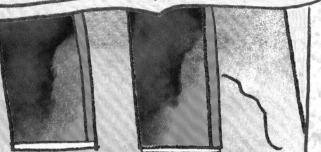

Mi verdadero nombre era Agnes Gonxha Bojaxhiu, y nací lejos, muy lejos, de la ciudad que me hizo famosa. Procedo de un país europeo, Macedonia del norte, y tuve dos hermanos.

Mi padre murió de forma repentina cuando yo tenía ocho años, y mi madre, que era costurera, tuvo que trabajar muy duro para sacarnos adelante. De pequeña me encantaba leer, escribir y la música (participé en el coro de mi parroquia).

Tuve pronto muy claro que me quería dedicar a la vida religiosa, aunque también estudié para ser maestra. Me hice monja y elegí el nombre de Teresa, en honor de Santa Teresita del Niño Jesús, patrona de los misioneros. Al poco tiempo dejé mi país y partí rumbo a Irlanda, con la idea de ingresar en un convento, pero la superiora tenía otros planes para mí y me envió a la India con el encargo de dar clases en distintas escuelas.

Estaba feliz siendo maestra, pero había algo en lo que no dejaba de pensar: cada vez que salía a la calle me ponía muy triste al contemplar la enorme pobreza que había en el país, sobre todo en la ciudad de Calcuta. ¡Muchos niños removían la basura, buscando algo de comida! Todos los días me iba a dormir pensando: «Hay que hacer algo, hay que hacer algo». Y un día, de repente, lo tuve claro (es lo que yo llamo «la llamada dentro de la llamada»): iba a dedicar el resto de mi vida a atender a esos desfavorecidos.

Pedí permiso a mis superiores y así nació la Orden de las Misioneras de la Caridad. Al principio éramos solo 13 hermanas, pero poco a poco se nos fueron uniendo cada vez más. Nuestro «trabajo» consistía en recorrer desde el amanecer las calles de Calcuta en busca de los más necesitados y acudiendo allí donde se necesitaba nuestra ayuda, como ocurría con las víctimas de la epidemia de lepra.

# FRASES
## DE LA MADRE TERESA

«La peor de las enfermedades hoy día no es la lepra ni la tuberculosis, sino el sentimiento de verse indeseados, de no ser amados, de sentirse abandonados de todos».

«No intentéis acciones espectaculares. Lo que importa es el grado de amor que pongáis en cada uno de vuestros gestos».

«Nunca estarás tan ocupado como para no pensar en los demás».

*Mee Teresa mc*

## El «Regalo del Amor»

Con su apenas 1,51 metros de estatura y su aspecto frágil, esta mujer se enfrentó a todo tipo de obstáculos para conseguir ayuda y colaboración para su Obra y dar visibilidad a los más necesitados. Además, fue pionera en muchas cosas. Por ejemplo, cuando aparecieron los primeros casos de sida, abrió el «Regalo del Amor» en Nueva York, la primera casa del mundo para los pacientes de esta enfermedad.

Nuestra Orden se fue extendiendo por muchos países y yo tuve que viajar por todo el mundo, dando a conocer los problemas de los más desfavorecidos y entrevistándome con los gobernantes y personajes más importantes.

Yo era muy bajita y tenía una voz débil, pero me venía tan arriba cada vez que le contaba a alguno de ellos lo que hacíamos y la ayuda que necesitábamos que ninguno dudaba en colaborar con nosotras.

Recibí muchos premios, entre ellos el Nobel de la Paz, y seguí trabajando hasta el último día de mi vida, a pesar de que estaba muy enferma, pero como contestaba a todos aquellos que me aconsejaban reposo, «No puedo parar de trabajar. Tendré toda la eternidad para descansar».

Los numerosos regalos y premios que recibía duraban medio minuto en su mano. Un ejemplo: cuando el papa Pablo VI le regaló una limusina, ella la vendió enseguida y con el dinero fundó un centro de leprosos llamado «Ciudad de la Paz».

El mensaje de la madre Teresa era siempre el mismo: «Cuidar a los hambrientos, los desnudos, los que no tienen hogar, los lisiados, los ciegos, los leprosos y toda esa gente que se siente inútil, no amada o desprotegida por la sociedad, gente que se ha convertido en una carga y que es rechazada por todos».

## Logros de la madre Teresa

* Creó la Orden de las Misioneras de la Caridad, una de las organizaciones más activas e importantes en la ayuda a los más necesitados.

* Su labor dio una enorme visibilidad a los desfavorecidos de la India y de todo el mundo.

* Entre las numerosas obras que puso en marcha destacan el primer Hogar para Moribundos de Calcuta, el Centro Shanti Nagar, para los leprosos; el Hogar del Niño del Inmaculado Corazón para huérfanos y jóvenes sin hogar...

# Stephen Hawking

## (1942-2018)

Aunque le diagnosticaron ELA, una enfermedad que lo postraría en una silla de ruedas el resto de su vida cuando era un joven científico veinteañero, Stephen Hawking no dedicó ni un solo minuto a lamentarse, sino que centró todos sus esfuerzos en lo que era su pasión, los misterios del Universo, y en disfrutar al máximo de una vida que, contra todo pronóstico, fue larga y llena de emociones.

Mi familia vivía en Londres, pero yo vine al mundo en una de las ciudades más «científicas» del mundo: Oxford, adonde se habían desplazado mis padres porque la consideraban más segura (nací en plena II Guerra Mundial y los bombardeos eran continuos en la capital inglesa). Una vez acabada la guerra, nos volvimos a mudar, esta vez al pueblo de St. Albans, en cuya escuela me matricularon y donde no triunfé precisamente: de hecho, los profesores me definieron como el alumno más mediocre de la clase.

Tengo que confesar que esa mala fama era en cierta medida merecida, ya que no me esforzaba lo más mínimo. Solo había una asignatura en la que destacaba por encima de mis compañeros, transformándome de «mediocre» a «brillante»: la Física. En ella, las clases se me quedaban cortas, y en cuanto llegaba a casa me dedicaba a desmontar artefactos y electrodomésticos para ver cómo funcionaban e innovar nuevas formas de usarlos.

Y esa fue mi tónica hasta que llegó el momento de ir a la Universidad: fui admitido en Oxford gracias a que mis excelentes notas en Física y Matemáticas compensaron los aprobados por los pelos en el resto de las asignaturas.

Cuando estaba a punto de licenciarme, me fui una tarde a patinar sobre hielo con mis amigos. Entonces me caí… y ya no me pude levantar. Fue la primera de las muchas caídas que terminaron con el diagnóstico de una enfermedad: la Esclerosis Lateral Amiotrófica (ELA), que me iba a dejar postrado en una silla de ruedas en poco tiempo.

Podía hacer dos cosas: echarme a llorar o hacer «como si no pasara nada». Opté por lo segundo: seguí estudiando e investigando.

## Logros de Stephen Hawking

* Fue el primer científico que trató de aunar la Teoría de la Relatividad de Einstein con las leyes de la Física Cuántica: la conocida como «Teoría del Todo».

* Defendió la existencia de vida inteligente en otros planetas y sus teorías al respecto fueron tenidas muy en cuenta por los científicos más importantes a nivel mundial.

* Compartió sus conocimientos de astrofísica de forma divulgativa a través de los numerosos libros de ciencia que escribió, tanto para niños como para adultos.

Sí, llegó un momento en que ya no pude caminar, pero ni siquiera eso frenó mi empeño por descubrir los secretos de las leyes que rigen el Universo.

Tampoco arrojé la toalla cuando perdí la voz, sino que seguí con mi frenética actividad, tanto en el laboratorio como en el campo de la literatura (escribí varios libros que fueron todo un éxito). Me casé dos veces, tuve tres hijos y puedo decir que cumplí prácticamente todos mis sueños y superé todos los obstáculos a los que me tuve que enfrentar a causa de mi enfermedad.

Tan solo me quedó pendiente uno de mis proyectos más ansiados: viajar al espacio (ya tenía mi billete reservado para los vuelos turísticos que se están organizando para dentro de pocos años). Y es que como dije en muchas ocasiones, no me daba miedo la muerte (que me vino a visitar a los 76 años), pero tampoco tenía mucha prisa en que llegara «porque tengo tantas cosas que quiero hacer antes…».

# FRASES DE HAWKING

«La inteligencia es la habilidad de adaptarse a los cambios».

«Incluso las personas que dicen que todo está predestinado y que no podemos hacer nada para cambiar nuestro destino, siguen mirando a ambos lados antes de cruzar la calle».

«La próxima vez que alguien se queje de que has cometido un error, dile que puede ser algo bueno. Porque sin la imperfección, ni tú ni yo existiríamos».

*S. Hawking*

## Una voz «sintetizada»

La ELA, enfermedad que padecía Hawking, afecta a la movilidad y también a algunas funciones como el habla. Su silla estaba equipada con la última tecnología, de forma que Stephen podía moverse de forma autónoma. Y cuando perdió la voz, la sustituyó por un sintetizador que controlaba con la ayuda de un ordenador y que registraba los movimientos de su rostro para permitirle comunicarse.

# OTROS PERSONAJES

$$A^2 = B^2 + C^2$$

*Pitágoras*

- **Pitágoras** (572-497 a.C.). Filósofo y matemático griego, desde pequeño desarrolló una manera muy peculiar de interpretar la realidad: en forma de números, así que muy pronto tuvo claro que quería dedicarse a las Matemáticas. Viajó mucho, vivió todo tipo de aventuras (incluso fue hecho prisionero) y finalmente se instaló en Cretona (Italia), donde fundó la Sociedad, una especie de club de pensadores llamados *matematikoi* y dedicados al estudio de conceptos (el número, el triángulo, lo abstracto…). Se le considera el «padre» de las Matemáticas, y gracias a él se conocen los números pares e impares; los teoremas y los usos que se le pueden dar a la Geometría, entre otros conceptos.

- **Platón** (427-347 a.C.). Pocos saben que el nombre verdadero del considerado «padre de la filosofía académica» era Aristocles Podros («platón» significa en griego «espaldas anchas», y es que era muy corpulento). Nació y vivió buena parte de su vida en Atenas, y fue fiel seguidor de Sócrates. Tal era su admiración por este filósofo que lo convirtió en el protagonista de sus famosos diálogos, en los que aborda cuestiones éticas y políticas. Su filosofía se basa en la diferenciación entre el mundo de las ideas y el mundo del ser en contraposición al mundo de las apariencias. En su obra también desarrolló sus pensamientos acerca de cómo debería ser el gobierno ideal.

*Platón*

- **Aristóteles** (384-322 a.C.). Uno de los filósofos más grandes de la Historia, se le considera el mejor discípulo de Platón y su influencia ha sido clave en los pensadores que vivieron muchos siglos después. La mayoría de sus rompedoras ideas surgían de su profunda observación de la Naturaleza (por ejemplo, fue el primero en clasificar a los animales en vertebrados e invertebrados). Fundó una escuela, la Academia, en Atenas, donde impartía sus lecciones magistrales de un modo muy peculiar: dando paseos al aire libre con sus alumnos, conocidos por ello como los «peripatéticos» (itinerantes), y a los que hacía partícipes de una las ideas que marcaron su vida y su obra: «El aprendizaje no termina nunca».

*Cleopatra*

- **Cleopatra** (69-30 a.C.). Perteneciente a la dinastía egipcia de los Ptolomeos, al morir su padre subió al trono junto a su hermano, quien no paró hasta derrocarla. Pero haciendo gala de la tenacidad que la caracterizó toda su vida, buscó apoyos en el extranjero, y los encontró (junto al amor) en el militar romano Julio César, quien la ayudó a recuperar el poder. Su gran cultura, su encanto y sus dotes para negociar fueron sus «armas» para defender a Egipto de los ataques de sus múltiples enemigos. Con ella, el país vivió una época de esplendor que la soberana compartió con otro ilustre romano, Marco Antonio, que abandonó su patria para acompañarla en su reinado y con quien protagonizó un amor «de película».

• **Juana de Arco** (1412-1431). Heroína de la Guerra de los Cien Años y patrona de Francia, esta joven, sin estudios y de origen humilde, aseguraba oír voces que le enviaban mensajes muy claros: tenía que ayudar al pretendiente al trono francés, el futuro Carlos VII, a ser rey (algo muy difícil, pues había otros aspirantes a reinar). Aunque muchos pensaban que estaba un poco loca, el príncipe no solo la creyó a pies juntillas, sino que la nombró «coordinadora» del ejército francés, en plena guerra con las tropas inglesas. A pesar de su papel mediador en el conflicto, Juana fue traicionada por un grupo de franceses, entregada a los ingleses, condenada y quemada en la hoguera bajo la acusación de «bruja». Tuvieron que pasar más de 500 años para que fuera reconocido su papel en la Historia.

*Juana de Arco*

• **Miguel Ángel** (1475-1564). Es de los pocos artistas de los que no hace falta saber su apellido (Buonarroti, por cierto), ya que es tal vez el arquitecto, escultor y pintor (sí, dominó todos los «palos» del Arte) más famoso de la Historia, a pesar de que su padre hizo todo lo posible para que se dedicara a otra cosa. Formado en el círculo de Lorenzo de Médici, el gran mecenas del arte en la Italia renacentista, pronto su fama traspasó las fronteras de su Toscana natal, llegando a oídos del Papa Julio II, quien le encargó la que sería su «obra maestra» (junto a la «Piedad», el «David» y otras tantas): la decoración de la Capilla Sixtina, en el Vaticano.

*Miguel Ángel*

• **Galileo Galilei** (1544-1642). Matemático, físico y astrólogo (entre otras cosas), es el mejor ejemplo del

*Galileo*

«hombre del Renacimiento», pues destacó en prácticamente todas las disciplinas. Estaba especialmente dotado para la música, estudió Medicina y, aunque su verdadera pasión eran los números y las ciencias, también se formó en temas literarios y filosóficos. En un viaje descubrió un «anteojo alargado» diseñado por un inventor holandés, y eso cambió su vida: fue el primero en usar este aparato, el telescopio, para observar qué pasaba más allá de las estrellas y comprobar que la Tierra daba vueltas alrededor del Sol (y no al revés, como se creía hasta entonces). Su hallazgo cambió la historia de la Astronomía, pero a él le costó pasar el resto de su vida en arresto domiciliario, acusado de «mentiroso» (y de otras cosas) por las autoridades.

Catalina la Grande

- **Catalina la Grande de Rusia** (1729-1796). Aunque alemana de nacimiento (su nombre verdadero era Sofía Augusta), fue una de las mujeres más destacadas en la historia de Rusia, país al que llegó para casarse con el heredero al trono, el futuro zar Pedro III. Ante el poco interés de su marido por la política, Catalina se hizo primero con las riendas de la corte, después con las del país y casi hace lo mismo con Europa, ya que durante su reinado (fue nombrada zarina a la –más que sospechosa– muerte de Pedro), las fronteras de Rusia se ampliaron enormemente, convirtiéndose así en una potencia cada vez más influente en los asuntos europeos. Modernizó el país, impulsó el arte y la cultura y fomentó la creación de escuelas y hospitales. Es una de las representantes de lo que se conoce como despotismo ilustrado.

- **Mozart** (1756-1791). Genio y niño prodigio (con cinco años dio su primer concierto de piano; a los seis, hacía maravillas con el violín; y con ocho compuso su primera sinfonía), Wolfgang Amadeus, que así se llamaba, estaba dotado desde la cuna para la música, a lo que contribuía su privilegiada memoria, calificada como «prodigiosa» por quienes le conocieron. Con 14 años ya era famoso en toda Europa, continente que recorrió varias veces dando inolvidables conciertos. Murió muy joven y en pleno éxito (en circunstancias no aclaradas del todo), dejando para la posteridad más de 750 obras compuestas por él.

- **Beethoven** (1770-1827). A pesar de su talento innato para la música, no fue hasta la adolescencia cuando el joven –y poco sociable– Ludwig pudo dar rienda suelta a su genio artístico gracias a los sabios consejos de su tutor, Christian Neefe, hombre clave

Mozart

Beethoven

en su vida. Compositor inimitable, se rebeló contra las pautas musicales de la época, optando por crear un estilo personal que enseguida contó con miles de seguidores. Su éxito se vio ensombrecido por diferentes contratiempos personales y problemas de salud, siendo el más grave de todos una sordera que empezó a padecer desde muy joven y que, sin embargo, no le impidió componer algunas de las piezas más importantes de toda la historia de la Música.

Abraham Lincoln

- **Abraham Lincoln** (1809-1865). Considerado como uno de los «padres de la patria» en EE.UU. y uno de los mejores presidentes de ese país, Lincoln procedía de una familia muy humilde. Trabajó como obrero de la construcción del ferrocarril y como tendero y finalmente estudió leyes. A través del Derecho entró en política, siendo uno de los primeros miembros del recién creado Partido Republicano. Fue elegido presidente de la nación en 1860, y tres años después proclamó la emancipación de los esclavos e introdujo una enmienda antiesclavista en la Constitución. El efecto de estas medidas llevó a la abolición de la esclavitud en EE.UU.

Louis Pasteur

- **Louis Pasteur** (1822-1895). Aunque se graduó en Letras y desde pequeño lo suyo era más el dibujo que la ciencia, su padre le aconsejó sabiamente que estudiara la carrera de Química, consciente de la inquietud de su retoño por todo lo relacionado con los agentes causantes de las enfermedades. Fue así, siguiéndole la pista a esos «bichitos» invisibles que estaba convencido de que se encontraban detrás tanto de los alimentos en mal estado como de ciertas enfermedades, como descubrió el papel que desempeñan los virus y la bacterias. Además, Pasteur es el «creador» de la pasteurización (proceso que permite la conservación de los alimentos), de la vacuna de la rabia y de la medicina preventiva.

- **Thomas Alva Edison** (1847-1931). Solo asistió tres meses al colegio, pero a los 10 años, y de forma autodidacta, montó un

Edison

Evita Perón

laboratorio en el sótano de su casa que sería el germen de las 1.100 patentes que registró a lo largo de su vida. Edison tuvo muchos oficios, pero era por encima de todo un «inventor» que dejó para la posteridad artilugios como el fonógrafo o la lámpara incandescente, y hallazgos como el «efecto Edison» (la emisión termoiónica), que sirvieron como base a la electrónica. Y, además, fue un empresario visionario, fundando junto a J.P. Morgan la compañía General Electric.

• **Gandhi** (1869-1948). Nacido en el seno de una familia india acomodada, Mohandas Karamchand Gandhi, conocido como «Mahatma» («alma grande» en sánscrito), tuvo la oportunidad de marcharse a Inglaterra y licenciarse en Derecho por la prestigiosa universidad de Oxford. Durante su estancia en Sudáfrica fue consciente de las duras condiciones a las que estaban sometidos los habitantes de las colonias inglesas y decidió hacer frente a la situación con un arma peculiar: la «resistencia pacífica», convirtiéndose pronto en el líder del movimiento independentista indio que culminó con la independencia de este país respecto a Gran Bretaña. Su legado se resume en su frase más famosa: «No hay caminos para la paz; la paz es el único camino».

Gandhi

• **Nelson Mandela** (1918-2013). Este político sudafricano dedicó toda su vida a conseguir que tantos negros como blancos tuvieran los mismos derechos y vivieran en armonía en su país. Graduado en Derecho, fundó el primer bufete de abogados de color en África. Poco después, fue detenido junto a otras 155 personas que se manifestaban en contra del *apartheid* (régimen racista del país). Ese fue el primero de los muchos arrestos que le llevaron a pasar buena parte de su vida (27 años) en prisión, desde donde lideró la lucha por la igualdad. Liberado en 1990, negoció con el gobierno sudafricano el fin del *apartheid* (recibió el Premio Nobel de la Paz por ello), y fue el primer hombre de color en ponerse al frente del país.

Nelson Mandela

• **Evita Perón** (1919-1952). La vida de la joven (y poco conocida) actriz Eva Duarte cambió cuando coincidió en un festival benéfico con Juan Domingo Perón, un prometedor político con quien se casó al poco tiempo. Su carisma y su implicación en las causas sociales tuvieron mucho que ver en que Perón consiguiera el apoyo popular que le llevó a la presidencia de Argentina. Fiel a su idea que «donde existe una necesidad nace un derecho», utilizó su posición de primera dama para conseguir mejorar las condiciones de los trabajadores, de los niños y ancianos y de las mujeres, redactando de su puño y letra una ley que permitía el voto femenino. Conocida por todos como Evita, su muerte en plena juventud la convirtió en un mito.

Juan Domingo Perón

Evita y Perón

- **Martin Luther King** (1929-1968). Uno de los activistas más famosos de la Historia, lideró la lucha contra la segregación y la discriminación racial, muy presente en la sociedad norteamericana de la primera mitad del siglo xx. Su opción por la «no violencia» y sus legendarias «marchas» cautivaron a miles de seguidores que se unieron a su Movimiento por los Derechos Civiles en EE.UU., frente al cual consiguió importantes logros para la población de color. Su discurso en el que dijo la famosa frase de «Yo tengo un sueño: que un día esta nación se pondrá en pie y se verá que todos los hombres hemos sido creados iguales», removió las bases de la sociedad norteamericana y aún hoy se considera un ejemplo (se enseña en muchas escuelas) de la defensa de los derechos humanos.

Martin Luther King

Steve Jobs

- **Steve Jobs** (1955-2011). Su nacimiento cerca de Silicon Valley, la ciudad top de la tecnología mundial, podría considerarse perfectamente un guiño del destino hacia este hombre que desde niño pasaba horas innovando con sus bloques de construcción. Pronto se especializó en prototipos tecnológicos que fabricaba con piezas de desecho junto a su amigo Steve Wozniak, con quien fundó un peculiar laboratorio en el garaje de su casa. El resultado de estos «experimentos» cambiaría para siempre la sociedad: el ordenador. Su empresa, Apple Computer (de la que fue despedido por desavenencias con sus socios), es actualmente una de las más importantes del mundo. Jobs, que murió a los 56 años, fue también un influyente un líder empresarial y un visionario que marcó toda una época.

- **Bill Gates** (1955-). Perteneciente a una adinerada familia norteamericana, Gates estudió en los mejores colegios del país, pero nunca mostró especial interés por ninguna asignatura. Toda esa apatía se transformó en entusiasmo cuando un día descubrió en un armario de la Escuela Lakeside una enorme máquina llamada «computadora». Él y su amigo Paul Allen consiguieron ser los «encargados» de ese armatoste que casi nadie sabía muy bien para qué servía, y empezaron a incorporarle programas sencillos de juegos que luego imprimían. Pronto vieron que la máquina podría perfeccionarse dotándola de un «cerebro» que le permitiera hacer muchas cosas por sí sola. Fue así como nació el *software* o, lo que es lo mismo, el programa que hace que los ordenadores funcionen. El invento tuvo un éxito inmediato, Gates fundó Microsoft, una de las primeras empresas del mundo, y se convirtió en uno de los hombres más ricos del planeta, tanto que optó por jubilarse y dedicar su tiempo (y buena parte de su dinero) a su Fundación, creada junto a su mujer para ayudar a los más necesitados.

Bill Gates

# ÍNDICE ALFABÉTICO